マーケティングのデジタル化
5つの本質

横山隆治
築島亮次
榮枝洋文 著

宣伝会議

はじめに

マーケティングをデジタル化する

　本書のテーマは「マーケティングのプロセスの改善」。使うのは「デジタルデータ」です。

　マーケティングを最適化するために、デジタルデータやテクノロジーとどのように向き合い、成果を出していくか、について掘り下げていきます。

　アナログで行っていたことをデジタル化すると、スピードが上がり、たくさんのデータが得られます。すると、より正確に迅速に次の手を打つことができます。経営の根幹にあるマーケティングにおいても、このデジタル化は急務と言っていいでしょう。

　にもかかわらず「あなたの会社でマーケティングのデジタル化は進んでいますか？」と尋ねると、「思うように組織の中で進んでいない」「デジタルマーケティング部門が孤立している」「さまざまなデータを統合して基盤をつくったものの、肝心の施策や結果に結びつかない」——。

　こうした声は業種を問わずさまざまな会社から聞こえてきます。それら問題の根っこにあるのは、本質的な"デジタル化"が経営者や管理職の立場にいる方に理解されていないという現状です。

　例えば、アプリやネット広告などデジタルメディアを使った

施策を行うことが、マーケティングの"デジタル化"だと考えている企業は少なくありません。デジタルについて詳しい外部の人をわざわざ連れてきて、デジタルマーケティング部を作ったのにもかかわらず、マーケティング全体ではなく、デジタルメディアを使った施策のみデジタルマーケティング部に任せた結果、"デジマ"の組織が本部から孤立して、まさに"出島"化してしまっているケースが見られます。日本企業の場合は生え抜きの文化が根強いため、プロパー社員が事業の根幹を握ってしまい、外からやってきたデジタルの専門家は事業の本論に入り込めないことも往々にしてあるのです。

情報システム部などのバックオフィス部門においては、数年前からIT化が進んでいますが、マーケティングのプロセスを改善する、という本質にたどり着けていないことが多々あります。「部署ごとに散らばった情報を統合して、活用できるように整えなければいけない」「DMP（データ・マネジメント・プラットフォーム）を作らなければいけない」と、データをとりまとめ、統合することを優先する風潮がありますが、問題は「データを統合して何をするか？」なのです。

メディア側の問題もあります。ある出版社は「編集タイアップ企画は、Webにも対応している」と言います。ところが入稿期限を聞いてみると、アウトプットがデジタルでも掲載の40日前で、印刷物とプロセスが変わらなかったりする。これでは、せっかくデジタルを使っても、状況に応じた最適なマーケティングができているとは言い難いでしょう。

このように、マーケティングにデジタルを取り入れる、と言うと、アウトプットにデジタルを使うことを想像しがちですが、マーケティングの「プロセス」にもデジタルを使い、劇的な改善や最適化を図ることが、マーケティングのデジタル化の本質です。そこを誤解しているケースが多々見られます。「うちはデジタル化を進めています」というマーケティング部門でも、本質的なデジタル化はまったく進んでいない場合がよくあるのです。

　あなたの会社ではどうですか？　今挙げた例に、あなたの会社も該当すると感じたのなら、この本はあなたに向けた本です。デジタルメディア施策止まりの状態や出島化を"デジタル化"と勘違いして進めるのではなく、"本質的なデジタル化"を理解し進めるための本です。マーケティングのプロセスにデジタルを使うようになれば、ビジネスそのものが改善し成果をもたらすことができます。

リアルタイム／高サイクル／データドリブン

　Webやアプリといったいかにもデジタルな施策だけに矮小化せず、テレビ広告、新聞広告、チラシ、ダイレクトマーケティング、営業担当のアタックリストに至るまで、デジタルデータを活かしてマーケティング全体の最適化を果たすこと。それが私の提唱するマーケティングの"デジタル化"です。デジタルデータを起点にした発想、デジタル発想でマーケティングを行う、と言ってもいいかもしれません。

ではデジタル発想とは何かというと、デジタルテクノロジーやデジタルデータを駆使して、①リアルタイムに　②高サイクルに　③データドリブンに　運用して施策を最適にする試みであると言えます。具体的に考えてみましょう。

　広告、コミュニケーションの領域で言えば、

・テレビ CM の到達量を、ターゲットが見た CM の「インプレッション数（表示回数）」にして把握し直す
・デジタル送稿の機能を駆使して「リアルタイム差し替え」を行う
・オンライン進行システムで雑誌の原稿制作作業を劇的に「短期間、かつ高サイクル」にする
・消費者インサイトを仮説検証型だけでなく、消費者行動データから「文脈発見型」で洞察する
・スマホのロケーションデータで、「ターゲットをセグメント化」し、チラシや DM を最適化する

　こうしたことが、マーケティングプロセスのデジタル化の例です。デジタル発想でマーケティングを効率的に行えるようになると、従来にない価値を創造することができます。一方で、アウトプットにデジタルを使っていても、リアルタイム性が薄かったり、サイクルが遅かったり、データが十分に活かせていなかったりすると、本質的な"デジタル化"とは言えません。

デジタルで起こすプロセス革命

　デジタル発想に必要な「リアルタイム／高サイクル／データドリブン」という3つの要素は、いずれも、「コミュニケーションの主導権が送り手から受け手に移っている」という大きなパラダイムシフトの影響を受けていると言えるでしょう。デジタル化は、"顧客"の方から先に進行しています。スマホが普及し、個人一人ひとりがソーシャルメディアで受発信できるような環境で、今、企業側は大きなプロセス革命を迫られているのです。

　もうテレビ局のプロデューサーはかつてのように、時間と曜日を指定すればきっと自宅のテレビの前にいてくれるはずだ、とは思っていないでしょう。また、電話というコミュニケーションが激減し、メールやLINE、ソーシャルメディアのメッセージ等に移行してきたことは、コミュニケーションをする時間やきっかけを、受け手が牛耳っているということに他なりません。

　一方、企業側は、すでにシステム化が進んでいる情報システム部やCRM部門などのバックオフィス側から、デジタル化を推進しようとする傾向にあります。バックオフィス側から、営業やマーケティング部門が使うフロントオフィスまで一気通貫するシステムを導入している企業も増えてきています。

　しかし、本来早急にデジタル化を進めるべきは、最も顧客に近い部門です。

　顧客がデジタル化している今、営業やコールセンターなど、顧客に直接対応する、接点となる部署が顧客のスピードについ

ていけないと、顧客を失う可能性があるのは明白です。データを蓄積してひとまず溜めておこうという考えではなく、顧客に最も近い部署の人、現場を知っている人が、いかにデジタルテクノロジーとデジタルデータを用いて、施策実行のプロセスを変えていくかが重要なのです。

データドリブンとはユーザードリブンのこと

　デジタル発想の一つとして「データドリブン」を挙げましたが、これは「ユーザードリブン」とも言い換えられます。各ユーザーにとっての価値をまず考えるということです。現代は個人の所有する情報についてもユーザー側に主導権が移りつつあります。EU（欧州連合）が 2018 年 5 月に施行した、個人情報の保護を強化する一般データ保護規則（GDPR）を皮切りに、"データは個人が管理するもの"という思想が徐々に浸透しています。今後は、DNA をはじめとした生体情報などの、より個人に紐づく繊細な情報が、企業が提供するサービスにも活かされていくことが予想されていますが、その流れから見ても、個人が情報を管理し、企業側から提供される価値と引き換えに、自分の意思で情報を提供する時代に変わっていくでしょう。

　自分にとって価値のある見返りがなければ、誰も個人情報を提供しない時代がくるかもしれない。それならば、まず個人情報を抱えておく前提ではなく、「ユーザー一人ひとりにとって情報を提供してもいいと思える施策とは何か」「ユーザーにとっての価値は何か」を考えるべきです。データドリブンとは大量のデータを集めることではなく、ユーザーの意見やニーズをまず

考える姿勢のことであり、それはすなわち、マーケティング施策や打ち手から必要なデータ活用を設計するということなのです。

データは入口からではなく出口（施策）から設計する

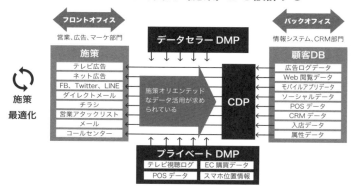

つまり、顧客と接する施策についてわかった上で「いかにアウトプットまでのプロセスを可視化し、データ分析を活用したら、その施策は最適化できるか」という視点で、データ活用のアイデアを考えたりプロデュースしたりする存在が必要だということです。

データサイエンティストの育成が必要だとたびたび議論されています。確かにデジタルの専門家、分析官のような存在は今後ますます必要とされるでしょう。一方で「それがどう成果を生むのか」、顧客との接点、最終的なアウトプットの知見がないと、分析官は能力を最適に発揮できないのです。

デジタルを用いて業務プロセスや組織などに変革を起こす「デジタルトランスフォーメーション」を実現しようと先進的に

働きかけている企業においても、見え隠れするのが、データを管理するバックオフィスの部門が、何か客観的な指標を用いて画期的な施策を打ち出せるのではないか、たくさんデータがあれば何か生み出せるのではないか、という淡い期待です。データの分析官はいても、データを使ってどんな施策をするかを打ち出す、フロントオフィス側の人とのコンビネーションがないのです。

特に、企業の規模が大きければ大きいほど、バックオフィス側とフロントオフィス側に共通言語がないケースも多いのです。単に自社でファースト・パーティー・データを収集して、DMPに入れればいいのではなく、顧客と接点を持つ側からも働きかけ、第三者から提供を受けるサード・パーティー・データも使いながら、施策オリエンテッドなデータ活用が求められています。どんな施策を打つか、という出口からアプローチし、最適な判断やアイデアを生むために、データをいかに使うか、を起点とすべきです。

ファースト、セカンド、サードの区分

ファースト・パーティー・データ：自社で収集・保有している顧客データ。一番信頼性の高いデータだがスケール感に乏しい。
セカンド・パーティー・データ：パートナー企業が保有する、パートナー自社のデータ。
サード・パーティー・データ：データ収集者が世の中にあるデータを集めてセグメントに集約し、販売しているデータ。

ここまで

・デジタル化の本質とは、テクノロジーやデータを駆使して、
　リアルタイムに、高サイクルに、データドリブンに運用して、施策を最適にする試みであること

・顧客に近いフロントオフィス側が、施策（どうしたいか）を
　理解し、データを保有するバックオフィスとのコンビネーションでデータ活用の最適化を探るべきであること

を述べてきました。

　デジタル化がもたらすのはマーケティングのプロセス革命であり、構造そのものの革命です。これを推進するためには、デジタルの専門家や、データの専門家だけでは不十分。たとえるなら、海外ドラマ『24』に登場する天才的な分析官、クロエ・オブライエンは、ジャック・バウアーの指示があってはじめて成果が出せるように、企業のビジネスそのものを熟知している企業内マーケターが、データサイエンティストに指示をしないと、成果が出るデータ分析を行うことは難しいでしょう。
　マーケティングのデジタル化は、デジタルの専門家に丸投げではなく、マーケター、そして経営者こそ認識すべきであることは、おわかりいただけたのではないかと思います。
　本書では、今まさに必要とされている、マーケティングのデジタル化、マーケティングのプロセス革命について語っていきます。

「考え方編」では、私、デジタルインテリジェンスの横山隆治が、マーケティングのデジタル化に関して、経営者やマーケターを対象に、コンサルティングや講演などを行った中でも特に反響の大きかったことについて、その要点を「5つの本質」に分けてお伝えしています。コラムでは、デジタルインテリジェンス　ニューヨークオフィスの榮枝洋文さんが、海外の視点から、マーケティングのデジタル化の本質に迫っています。

　「実践編」では、インティメート・マージャーの簗島亮次さんが、マーケティングのデジタル化の実践についてデータ・ドリブン・マーケティングの視点から解説します。

　本書が、皆さまにとってマーケティングの最適解を見出す一助になることを祈っています。

　　　　　デジタルインテリジェンス　代表取締役　横山隆治

はじめに

マーケティングをデジタル化する ————————————— 002

リアルタイム／高サイクル／データドリブン ————————— 004

デジタルで起こすプロセス革命 ————————————————— 006

データドリブンとはユーザードリブンのこと ————————— 007

考え方編

第1章 成果を出すなら、まず「アナログ施策のデジタル化」 —— 017

▌アナログ施策の"プロセス革命"をデジタルで ———————— 018

▌センサーデータでテレビCMの「クリエイティブパワー」を分析 — 020

▌「経験と勘」にプロセス革命を起こす ——————————————— 022

▌AI時代、ブランドごとのマーケティングは非効率 ————— 024

▌デジタル広告は1インプレッションごとに最適化する ——— 028

▌テレビ広告の到達状況に合わせて、デジタル広告を補完 —— 029

▌広告発注の構造が変わる ————————————————————— 035

▌データが整うと、メディアプランニングも変わる ————— 036

第2章 「プランを実行する」から「運用して最適化」へ —— 039

▌事前に「最適なプラン」などわからない ————————————— 040

▌ユーザードリブンは、仮説検証型＋文脈発見型 —————— 041

▌「マーケティングダッシュボード」による運用の最適化 —— 044

▌マーケターはファンドマネージャー ——————————————— 046

▌テレビを主体にしてきた宣伝部門が、デジタルも考えるべき —— 047

▌デジタル化の本丸は人材育成	050
▌デジタルマーケティング本部（デジマ）を出島にしない方法	051
▌箱の議論ではなく、属する人のスキルを定義すべし	052
▌従来の人事ローテーションを見直す	053
▌2020年代のマーケティング構造改革　企業のPOE	055

Column

新たなディストリビューションパイプとなる

DNVB（デジタル・ネイティブ・バーティカル・ブランド）	058
急成長するDNVBとは？	058
デジタルネイティブな経営者の獲得	066

実践編

第3章　データ・ドリブン・マーケティングの実践	073
▌データ・ドリブン・マーケティングの準備	074
▌データ・ドリブン・マーケティングを実践するメリット・デメリット	079
▌データを使って「誰に」「どうやって」アプローチするか	082
▌「誰に」をデータ・ドリブンに決定する	083
▌「どうやって」をデータ・ドリブンに決定する	085
▌「誰に」「どうやって」を連続させてターゲットを成果地点に送り届ける	087
▌広告戦略におけるデータ・ドリブン・マーケティング	091

第4章 データ・ドリブン・マーケティングと「DMP」の活用 —— 099

┃ DMP活用の現状 —————————————————————— 100

┃ DMPを活用できる領域 ———————————————————— 103

┃ DMPとは何か ————————————————————————— 105

┃「DMP2.0」への進化 ————————————————————— 111

┃ DMPで今後できるようになっていくこと ——————————— 114

┃ データの取り扱い　法整備の議論を知る —————————— 116

┃ 情報取得は"リスクを伴う"認識を —————————————— 123

┃ 正しい情報取得に"後ろめたさ"は必要ない ——————————— 124

第5章 オフライン施策も最適化する新時代の「DMP2.0」とは —— 127

┃ 一般的なDMPの利用方法 —————————————————— 128

┃ DMPを他のツールと連携することでどのような価値が得られるか —— 131

┃ デジタル広告以外の施策への拡張 —————————————— 134

┃ 広告以外の施策への拡張 —————————————————— 135

[データ・ドリブン・マーケティング対談] ——————————— 138

おわりに

データには価値がない、価値があるのは「使い方」 —————— 164

考え方編

第 1 章

成果を出すなら、まず「アナログ施策のデジタル化」

アナログ施策の"プロセス革命"をデジタルで

　マーケティングのプロセスにデジタル発想を取り入れることで、どう改善し、最適化していくか。この「マーケティングのデジタル化」の本質について、私は5つに分けて整理しています。

その1　「アナログ施策のデジタル化」こそが本丸
その2　「ブランド単位のマーケティング」から「消費者IDベースのマーケティング」へ
その3　「事前のプランを実行する」から「運用して最適化する」へ
その4　「デジタルマーケティングに必要なスキル」の要件定義をする
その5　「新たなディストリビューションパイプ」となるDNVB

　「考え方編」では、この5つの本質について詳しく説明していきます。マーケティングのプロセス革命を起こす上で、まず取り組みたいのは、目に見える成果を出しやすい「アナログ施策のデジタル化」です。第1章は、ここから話を始めます。

　テレビCMやチラシ、ダイレクトメール、営業のアタックリストなどは、いかにもアナログ的であるように見えますが、テクノロジーやデータを駆使することで、デジタル化の恩恵を十分に受けることができます。

これまで「職人技」と言われてきた属人的なプロセスを、デジタル化によって最適化していくと、成果が目に見えてわかり、ビジネスインパクトが大きいのです。

例えばチラシやDMを誰に打つべきか、営業のアタックリストをどの順で並び替えるか。こうしたことにテクノロジーやデータを用いることで、最適なプロセスで顧客へのアプローチができるようになります。

日本企業では、「デジタル化に取り組もう」と言うと、他の企業と横並びで自社を比較して、「Instagramの施策をそろそろやっておいた方がいいのではないか」といったアウトプットが「デジタル」である部分に意識が向きがちな風潮がありますが、デジタル施策を実施することがデジタルマーケティングではないのです。

最終的なアウトプットは、テレビCMやDMのような従来からある施策かもしれませんが、デジタルを活用することで、プロセスを最適化することができます。従来のアナログ施策のプロセス革命こそが、マーケティングのデジタル化の要と言えるかもしれません。

テレビCMのプロセスをデジタル化する、というと、クリエイティブな領域や戦略を考えるところまでのデジタル化は難しいと感じるかもしれません。確かにクリエイティブな作業は「データを集めてAIで分析したら最適なコピーができた」というほど単純ではありません。いつの時代でも、クリエイターによる突き抜けたアイデア、クリエイティブジャンプは求められる場面が多々あるでしょう。それでも、その“ジャンプ”に至

るまでのプロセスの一部を、デジタルによって「人間ができな
かった方法で」最適化することができるはずなのです。例えば、
ホワイトボードに広告コピー案を 100 個書き出すなど、質より
も "量" が求められるプロセスは AI に代替させることができる
かもしれません。

　クリエイティブジャンプのための "踏切板" をどの位置に、ど
ちらの向きに置くのか。その方向付けの役割をデータが担うこ
とも可能だと考えています。その一例としてデジタルインテリ
ジェンスとティービジョンインサイツ（TVision Insights Inc.
以下 TVI）が共同して行っている「視聴質」の測定データ分析
サービスをご紹介しましょう。

センサーデータでテレビ CM の「クリエイティブパワー」を分析

　テレビ「視聴質」は、一般視聴者宅に人体認識アルゴリズム
を組み込んだ機械を設置し、視聴態勢データを取得することに
よって測っています。赤外線センサーやデプスセンサーを利用
して視聴者を認識し、「ビューアビリティ・インデックス（テレ
ビが点いていてテレビの視聴可能範囲に視聴者がいる度合い：
以下 VI 値）」と「アテンション・インデックス（視聴者がテレ
ビの前にいて、テレビ画面を注視している度合い：以下 AI 値）」
などを用い、毎秒のデータを測定します。

　これまで、テレビ CM の指標として主に用いられてきたのは
「視聴率」でした。世帯においてテレビが点いている状態を視聴
と捉える「視聴率」ですが、近年ではテレビを観ながらスマー

トフォンを操作するなどの"ながら視聴"も少なくなく、「視聴率」と「到達度」のかい離が指摘されていました。そこで「視聴における"質"の部分を測定できないか」ということは、長年テレビCMの課題でもありました。テレビ「視聴質」測定サービスでは

・誰が見ているのか（個人特定）

・どう見ているのか（視聴態勢）

・どういう表情か（感情分析）

といったデータを取得することができます。このサービスによって視聴質が可視化されることで、これを視聴率と掛け合わせれば、到達実態を明らかにすることができるでしょう。

ではなぜ、「視聴質」を数値化することが重要なのでしょうか。

CMを制作する上ではその"到達度"が重要になりますが、到達度を考える上では、15秒間ずっとAI値（画面注視度合い）が高いCMをつくればよいわけではなく、ここぞというブランドメッセージが伝わるところで高くする必要があります。だからこそ、まず視聴質を数値化することが重要なのです。

その上で、なぜこのCMの到達度の数値は100で、このCMは80なのか、という20の差をじっくりと分析することが可能になります。数値化することは、すなわちPDCAサイクルを回すことにもつながるのです。AI値は1秒ごとに分析できるため、クリエイティブを緻密に分析することも可能です。

AI値を毎秒グラフで分析し、男女や年齢別に比較すると、男女でCMの感じ方に大きく差が出るクリエイティブがあることもわかりました。こうした分析結果をふまえて、オンライン動

画クリエイティブの出し分けや、テレビ広告との相乗効果を狙った適切なメディアプランを考えていくこともできます。

これまでのテレビCMのクリエイティブ調査は、被験者に強制的な視聴をさせて反応を測定するもので、実際の視聴環境と違っていました。テレビCMの効果を測定する上では、CMクリエイティブそのものだけでなく、放送のタイミング（曜日・時間帯）や前後に挿入される番組コンテンツ、フリークエンシーなどの変数も考慮されなければなりません。テレビ「視聴質」測定データでは、AI値がこれらの変数も捕捉しつつ、CMの実際の効果を評価できることになります。

繰り返しますが、データによってクリエイティブがつくられるわけではありません。ただし、新しいテクノロジーによって取得できるようになったデータによって、アナログなクリエイティブが作られるまでの"プロセス革命"を行うことができるのです。

「経験と勘」にプロセス革命を起こす

先ほど述べた視聴質測定サービスの人体認識アルゴリズムを組み込んだ機械に用いられているセンサーの技術（赤外線センサーやデプスセンサー）や、PCやスマホに搭載の生体認証技術、人の行動・感情データをプログラマティックに取得する技術など、テクノロジーを追っていくと「未来のビジネス」への期待値が大きく広がるかもしれません。しかしマーケティングの最適化を行うなら、まずは、今現在1兆9000億円にもなる

テレビ広告市場に、こうしたテクノロジーを導入することの方が先決です。

　テレビ広告費は直接的には広告主が払っていますが、間接的には消費者が払っているのです。この効果・効率をより良くすることは、ひいては消費者に良い商品やサービスをより安く供給することにつながります。そのために活用できるのが「視聴質」のようなデータなのです。

　テレビCMの到達実態は、以前よりずっと詳細に把握できるようになっています。しかもそれらはほぼリアルタイムで（例えばデイリーで）ターゲットの到達実態がわかるようになっています。さらに、録画再生によって到達しているCM視聴が、番組によってはリアルタイム視聴時よりも多い場合もあり、「録画再生視聴の際には、CMはスキップされているもの」と切り捨てて解釈することがまったくできない状況なのです。

　コミュニケーションにおいては、クリエイティブが最大の「変数」です。クリエイティブに用いられるデータやテクノロジーは、単に、これまでの労力を効率化させる方向だけではなく、これまで人間にはできなかった作業を行い、取得できなかったデータを取得する方向に進化しています。これは、データを味方につけるクリエイターこそが良いクリエイターとなることを示唆しています。

　クリエイティブにデータを使うということは、クリエイターが良いジャンプをして、しっかり跳び箱（目標）を飛べるように、踏切板を正確な方向と位置に設置することと定義できます。そして、クリエイティブをデータ化するということは、従来「経

験と勘」に左右されていたものを科学的に立証することでもあるのです。

AI時代、ブランドごとのマーケティングは非効率

ここまで、「マーケティングのデジタル化」5つの本質のひとつ目、「アナログ施策のデジタル化」を見てきました。ここからは、その2「ブランド単位のマーケティング」から「消費者IDベースのマーケティング」へに話を移し、社会の変化に合わせてマーケティングの構造そのものをいかに変革していくべきかを解説していきます。

その1 「アナログ施策のデジタル化」こそが本丸

その2 「ブランド単位のマーケティング」から「**消費者IDベースのマーケティング**」へ

その3 「事前のプランを実行する」から「運用して最適化する」へ

その4 「デジタルマーケティングに必要なスキル」の要件定義をする

その5 「新たなディストリビューションパイプ」となるDNVB

複数のブランドを抱える企業の中には、ブランドごとに売上を競わせ、社内競合のような手法で売上を上げようとしている企業があります。デジタル広告においても、ブランドごとに広

告を買い付けるのが一般的になっています。

例えば化粧品会社 X の場合、A というブランド、B というブランド、C というブランド、それぞれが広告枠を買い付けているのです。

今はオペレーターを介して買い付けを行っているデジタル広告ですが、まもなく AI を用いた広告配信ができるようになるはずです。AI であれば、「Person ／ Timing ／ Content ／ Context（Mode）」などの変数を瞬時に最適化することが可能になります。すると、ブランドごとに広告枠を発注すること自体がナンセンスになるでしょう。

例えば化粧品会社 X が広告掲載をしてもいいと考える広告枠を一括（バルク）で仕入れることで取引コストを下げておき、その上で、ユーザーや記事の内容に応じて、ブランド A の広告を露出するか、ブランド B の広告にするか、AI が最適なブランドを瞬時に配信していくことが可能になるでしょう。ブランドごとの予算比率もプログラミングしておけば、ブランドごとに予算管理するよりもよほど効率的で、最適な配信を AI がしてくれるはずです。

現在、ブランドごとに競合することで非効率になっている面も多々あります。例えばリスティング広告は、キーワードごとに値段の競り合いをしているわけですが、ブランドごとにリスティング広告のキーワードを登録していることによって、化粧品会社 X の中で「美白」というキーワードの値段をつり上げている可能性もあるのです。

かつてマスマーケティングがブランド視点でテレビCMなど

のマス広告を大量投下していた背景には、人口が増加するという前提がありました。例えば子供から大人まで見ているテレビCMでお酒や車、化粧品などの広告を流すのは、その子供たちが大人になるときまで影響力があることを見越しての施策です。個別に顧客の行動や接触履歴を追うことができなかったため、そのやり方しかできなかった、という側面もあります。

ところが今は、人口が減少していくのに加え、テレビCMが果たして大人になるまで影響しているのか、コミュニケーションの資産を蓄積しているのか怪しい時代です。消費の拡大を期待するのではなく、一人ひとりのライフタイムバリューを高める工夫をしなければなりません。そのためには、ブランドごとに競合するのではなく、消費者一人ひとり、つまり「消費者IDベース」のブランド横断マーケティングが必要なのです。

消費者IDベースのブランド横断マーケティングとは、具体的にどういうことでしょうか。たとえるなら、かつての百貨店の外商です。特定のニーズを持った顧客に対して、次に何を買ってもらえるかを考え、お得意さまの家に商品を持っていく。商品視点ではなく、顧客のニーズを考えて次の商品を探してくるのです。

これは決して新しい考え方ではありません。今から30年ほど前、私は広告代理店にいて、ある飲料系メーカーの会員組織の企画に携わったことがありました。その会員組織は、会員数を増やして拡大していくのを目的とするのではなく、特定のニーズがある会員を集め、その人たちが価値を感じてくれる商品を探し、提供していくようなモデルでビジネスを行っていま

した。特定の会員からニーズを吸い上げ、次の商品開発のアイデアにする。今振り返ればこのモデルはまさに、消費者IDベースでマーケティングをして情報を得る手法でした。

　今、アメリカで浸透している、特定カテゴリーに特化したデジタルネイティブなブランドや、サブスクリプションのビジネスモデルも消費者IDベースです。マスプロダクトから個別プロダクトへと移行している今、マスマーケティングだけで押し切るのはもはや難しくなってきたからこそ、消費者IDベースのブランド横断マーケティングの重要性が浮き彫りになっています。

　ブランドごとのマーケティングから消費者IDベースのマーケティングへ移行するとなると、組織としても変革が必要です。ブランドAのことだけを考える人、ブランドBのことを考える人、ではなく、消費者視点でブランドに横串を刺し、東京都在住の20代のAさんには、どのブランドのどんなメッセージがこれまで届いてきたのかを把握した上でマーケティングを行うといった役割の人が必要になってくるはずです。

　果たして、その役割の人があなたの会社にいるでしょうか。ブランドマネージャー任せになって、ブランドごとの最適化になってはいないでしょうか。人口構造の変化、デジタル広告配信の今後を正しく捉え、自社ブランド競合からの脱却を、経営者が行わなければならないと私は考えています。

デジタル広告は1インプレッションごとに最適化する

　AIによって、デジタル広告は消費者IDごとに最適なブランド、最適なメッセージを配信することが可能になり、かつブランドごとの予算管理ができるようになるとしたら、企業の枠を超えて広告枠をシェアすることも可能になります。

　例えばある枠を一括で購入しておき、競合しないブランドで割り振る（この1インプレッションはブランドA、この1インプレッションはブランドB、など）こともできるでしょう。競合しないブランド同士で広告の連合を作ることもできるかもしれません。消費者IDごとに広告接触の様子が測れるようになれば、広告を1インプレッションごとに最適化でき、それが全体の最適化につながるのです。

　これはたとえるなら「ハイレゾ音源」に似ています。デジタルの音源は、アナログの音源とは異なり、データ量を圧縮するために、音源から音を間引いて制作しています。アナログ音源では、波形がなだらかな波になっているものが、デジタル音源は聞こえにくい音・影響の少ない音を間引くことによって階段状の波になります。ところがハイレゾ音源は、CDの音源に比べてデータ量が数倍になったことで、データの粒は極小単位になり、波形は、ほとんど曲線に見えるものになりました。1粒1粒を最適化すると、全体としても最適化されることになるのです。

　この極小単位のデータの粒は、マーケティングで言えば一人ひとりの消費者であり、広告で言えば、1インプレッションず

つの広告接触と言えます。これを一つひとつ最適化することで全体はきれいな全体最適を果たせる（素晴らしい曲線が描ける）のです。

　1インプレッションごとに、どんなユーザーが閲覧しているから、どのブランドのどんなメッセージを出すと最も効果的かを判断する。こうした人間だけでは難しいことが、機械学習によって可能になっていきます。ただしAIや機械学習は、「因果関係」ではなく「相関」から最適なものを探していきます。「なぜ最適なのか」はわかりません。AIによるデータ分析を導入すると、"なぜそうなるのか"を推測する必要がなくなる、とも言えます。

テレビ広告の到達状況に合わせて、デジタル広告を補完

　私は、巨大な広告市場である「テレビ広告をデジタル発想で最適化する」という試みに、長年取り組んできました。「テレビ広告をデジタル発想で最適化する」ことの端緒は、「個人GRP（延べ視聴率）をインプレッション数（広告表示回数）に変換する」というアイデアです。そのアイデアをもとに、2015年につくったのが、ターゲットが見たCMの表示回数と到達人数を把握して、即時にターゲットリーチをデジタル広告で補完すべきか判断して広告配信をするシステムです（CMARC）。

　従来、「デジタルをテレビの指標に合わせる」試みはありましたが、私は逆にテレビをデジタル広告のインプレッション数という概念に寄せました。インプレッション数という考え方は、

テレビ画面を2人で観ていて、CMが1本流れれば2インプレッションという個人視聴ベースのものです。

2018年に関東地区のテレビスポットの買い付け単位も、世帯から個人視聴率に替わったことを考えると、テレビCMの投下量をインプレッション数で定義し直したことは実にタイムリーだったと言えます。日本アドバタイザーズ協会でもデジタルメディア委員会で、テレビとデジタルの統合指標としてこのインプレッション数を採用しています。

テレビCMの到達総量をインプレッション数に変換して、デジタル広告との統合指標化するということはまさに「デジタル発想」です。

こうした仕組みを使いながら、テレビ広告の売買の指標が"買い手"視点へと変わっていくと、広告商品の単位や、価格を"買う側"が決められるようになっていくでしょう。これは「広告発注の構造」自体の改革になるはずです。マーケター自身が広告商品をテレビ局に対して直接発注するようになるかもしれません。プロモーションごとに、メディアプランニングを丸投げするのではなく、自社のマーケティング部門の中に広告調達のノウハウを蓄積していく方がいいと判断する企業もあるでしょう。改めて、自社でやるべきことと、専門家に依頼することの線引きが必要です。

テレビとデジタルの指標を統合することには、3つの意味があります。

テレビ×デジタル３つの目的

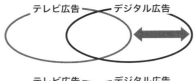

1. リーチの最大化
デジタルで補完して
ターゲットリーチを拡大する

2. 認知効果の最大化
バランスの悪い
フリークエンシーを補正する

3. 態度変容効果の最大化
オーバーラップさせて
購入意向を拡大させる

　１つ目は「リーチの最大化」です。特に最近、若年層へのテレビCMでのリーチがしづらくなっているところは周知の通りです。テレビCMのターゲットリーチが想定よりも少ないならば、デジタル広告でそのターゲットリーチを補完していくことになるでしょう。

　２つ目は「認知効果の最大化」です。テレビだけだと、人口が多く視聴時間が長い高齢層が厚く、人口が少なく視聴時間が短い若年層には薄くしか当たらないがために、CMのフリークエンシー分布は０回、１回という過少フリークエンシーと、無駄に20回以上当たっているというフリークエンシー過多の２極化することになります。これをデジタルで補正するという考え方です。ターゲットには、できるだけ有効かつ適正なフリークエンシーでの接触を増やすことで、理論的に認知効率を上げる最適化となります。

3つ目は「態度変容効果の最大化」です。テレビとデジタルの両方に接触した視聴者は、「ユーザーの態度変容値（購入意向）が上がる」という実証結果がありますので、ターゲットがテレビとデジタルの双方に接触するように配信設計するという考え方です。実際、そうした配信設計をする際には、テレビCM出稿が始まる数週間前からデジタル出稿を始め、初速の早いテレビが始まると一気にテレビ×デジタルのオーバーラップ層が増えるというタイミングの最適化を図ることが多いです。

　「態度変容効果の最大化」においては、もっと伸びしろがあると私は思っています。これまでのデジタル広告は、ほとんどがテレビCMの副産物ないし、そのものの流用でした。同じ素材を使った結果でも態度変容値が上がっているということは、デジタルに適したメッセージを配信していけばさらなる効果が期待できます。

　ではデジタルでのメッセージとテレビでのメッセージの仕方は、何が異なるのでしょう。デジタルはそもそもユーザーの文脈でコミュニケーションが成立しています。だからこそ、ユーザーが「自分事化」できる、ユーザー文脈の「買う理由」をメッセージする必要があります。セグメントごとの固有のメッセージ開発を行うと効果的です

　一方、圧倒的な到達力を持つテレビは、ブランドの文脈でメッセージを配信しています。「テレビでやっているから…」、「みんなも知っているブランドだろうから…」という安心感が消費者の背中を押す格好になります。ユーザーが「社会事化」できるメディアとも言えます。ただし、従来、認知に強いメディ

アであるはずのテレビも、あまりに情報量が多い現代では「これは自分向けの情報だ」と確信しない限りは、耳に半分栓をしている状態とも言われます。テレビにおいても、自分事化できるメッセージでないと、そもそも認知自体が始まらないのです。

今や、「認知」→「関心」というファネルの入り口部分は崩壊しており、「関心」を持ってくれるターゲットに「認知」させる必要があるのです。

とはいえ、テレビはいまだ、そのプッシュ力では他のメディアを圧倒しています。現状その機能を代替するメディアはありません。要因は大画面、複数視聴、音声がデフォルトなどです。野球にたとえればスラッガーのような存在です。そのスラッガーを有効に使うには、1番バッターではなく、1番から3番をデジタルで出塁させておいて4番のテレビにホームランを打たせ大量点を取ることです。

私は普段から、従来の「テレビで認知させてネットで刈り取る」ではなく、「デジタルで素地をつくってテレビで刈り取れ」と言っています。

その意味で、テレビだけ使うのでは、テレビの力を存分に引き出せない時代になっていると認識した方がいいと言えます。テレビ広告を大量に使う広告主ほど、テレビの機能の最大化のためのテレビ×デジタルの統合プランニングスキルが必要なのです。まずデジタル動画広告のクリエイティブ（ターゲットセグメントごとの最適な〈刺さる〉メッセージ）開発を行い、配信してユーザー反応を把握した上で、それらとオーバーラップすることで効果を最大化できるテレビCMクリエイティブを開

発するプロセスが可能になるのです。

デジタル主導のコミュニケーション開発のイメージ

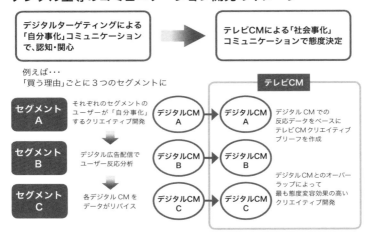

　従来はクリエイティブとメディアプランは別々に進行しましたが、デジタルのターゲットセグメントごとの「自分事化」のメッセージ開発と、そのセグメントへのデジタルターゲティング配信設計は同時に行われる必要があります。まずはデジタルターゲティングによる「自分事化」コミュニケーションによって認知・関心をつくり、その後、テレビCMによる「社会事化」コミュニケーションで態度決定をさせる。最終的にはテレビCMを使うにしても、プロセスはデジタル主導のコミュニケーション開発になるのです。

広告発注の構造が変わる

　テレビCMでは新しい広告枠の購入手法が誕生しています。2018年日本テレビでは、自局のスポット枠に設定されたCM枠をさまざまなテレビ視聴データを基に「15秒CMを1本単位」で購入できる新たなテレビCM商品「Advance Spot Sales（アドバンススポットセールス）」を提供し始めました。

　従来の番組提供（タイム）やGRP購入（スポット）とも異なる画期的な購入方法で、広告主は、放映日時、番組、本数（秒数）、金額などを、自社のキャンペーンタイミングなどに合わせて、欲しいものを、欲しいときに、欲しい分だけ購入することが可能になりました。

　また専用の機器が入っていれば、エリアごとにこのCMがどれくらい到達しているかもわかるようになりました。結線されているテレビが増えたことで、自宅のWi-Fiを通じて、テレビの視聴データと、同じ世帯にあるスマホから取得できるデータを紐づけて分析できるようにもなりました。これまでテレビCMの広告枠は"売る側"視点の指標や仕組みしかなかったものが、"買う側"視点の指標や商品が出てきたのです。

　これが進化していくと、例えば今は各枠、定価が決まっていますが、いずれ希望する企業の入札制度での販売になるかもしれません。より経済合理性のある買い方へと変化していくのが自然な形でしょう。

　ただし、テレビのデータとデジタルデータを紐づけることができるといっても、そのデータをもとに、個人のスマホやテレビに広告を配信するには、個人情報を持つ消費者の「許諾」が

必要です。だからこそ、消費者 ID ベースで、"その人にとって価値のある"施策を立案することが重要なのです。

データが整うと、メディアプランニングも変わる

スポット CM の個人全体視聴率での取引が開始されたのに伴い、アメリカで始まっているようなテレビのスポット枠の「入札応札モデル」にトライしようとする動きもあります。

有限な在庫の売り値を決めるのに、最も経済合理性があるのは株取引と同様の入札応札モデルです。テレビ局にとっては最も経済合理性のある入札応札取引によって、有限な枠の販売額の最大化が叶うはずです。小規模の取引が増えたとしても、単価が上がれば結果的には今よりも売上は大きくなるでしょう。

広告主にとってもメリットがあります。「欲しい枠だけ適切な価格」で買えるため効率が高まるのです。小規模出稿ができる広告主、ブランドが増え、テレビ CM の活用範囲が広がるでしょう。さらに視聴者にとっても、今のように同じ CM を何度も見せられるのではなく、多様な CM やブランドとの出あいが生まれるため、視聴率や視聴質が上がると考えられます。

その時に一番問題になるのが、実は買い手が適切な指し値を決めるために必要な「データ」が十分には整っていないということです。「この番組を見ている人たちは、こういうクラスターの人だから、ターゲット含有率が高い。また番組の視聴の質が高いので多少、価格が高くても買うべきだ」といった判断を下せるだけのデータがないのです。

これまでは視聴の中身について何もわからないままでも、誰も疑問を持っていませんでしたが、マーケティングを最適化するために今後は状況が変わってくるでしょう。私は2018年、ネット接続されたテレビデータを用いて番組の視聴動向を調査しましたが、その結果を見た企業の人たちに話を聞くと、「想定していた視聴スタイルとは大きく異なっていた」と言います。

　買う側に必要なデータがそろえば、広告メディアプランニングの仕方も大きく変わります。毎週の世帯視聴率だけでは見えない世界がありますから、番組の視聴構造や、ロイヤル視聴者定着率、CO-Viewing（共視聴）率、番組及びCMの視聴質（ビューアビリティ・アテンション率）なども今後見ていく必要があるでしょう。広告主の販社エリアなど、買う側のエリア設定ごとの視聴データ集計や、エリアをまたいだCM投下量の計算のほか、デバイスをまたいだ統合リーチ指標、ローカルエリアも含めた個人視聴データも必要です。データの活用を加えることで広告発注の構造が変わり、テレビの活用の可能性を広げていけると考えています。

第1章のまとめ

マーケティングのデジタル化5つの本質
その1「アナログ施策のデジタル化」こそが本丸

・テレビCMやDMなどアナログ施策こそ、プロセスを見直す
・テレビCMの視聴質を測定すれば、CMのクリエイティブの改善も図れる
・経験と勘に左右されていたものを科学的に立証する

マーケティングのデジタル化5つの本質
その2「ブランド単位のマーケティング」から「消費者IDベースのマーケティング」へ

・ブランドごとにマーケティングをすると非効率
・消費者IDベースで、Aさんにはどのブランドのどんなメッセージがこれまで届いたかを把握したうえでマーケティングを行う役割の人が必要
・広告発注の構造が変化する過渡期。今後は広告枠を一括購入し、AIを使って1インプレッションずつ最適なメッセージをマッチングしていくようになる
・テレビ広告を使う場合も、まずターゲットセグメントごとのメッセージ開発をデジタルで行い、反応を把握したうえで、効果を最大化できるテレビCMクリエイティブを開発するプロセスへ

第 2 章

「プランを実行する」から
「運用して最適化」へ

事前に「最適なプラン」などわからない

第1章では、「マーケティングのデジタル化」5つの本質の
うち、その1、2を見てきましたが、第2章では、その3、4、
5を見ていきます。

> **その1** 「アナログ施策のデジタル化」こそが本丸
> **その2** 「ブランド単位のマーケティング」から「消費者
> 　　　　 IDベースのマーケティング」へ
> **その3** 「事前のプランを実行する」から「運用して最適
> 　　　　 化する」へ
> **その4** 「デジタルマーケティングに必要なスキル」の要
> 　　　　 件定義をする
> **その5** 「新たなディストリビューションパイプ」となる
> 　　　　 DNVB

まずは、デジタルによる構造変革を踏まえて、マーケティン
グのプランの立て方がいかに変化しているのかについて話しま
す。これまでのメディアプランニングは、出稿前にシミュレー
ションをしていましたが、デジタルマーケティングにおいて、
事前にプランをシミュレーションするのはあまり意味がありま
せん。特に、事前に最適なプランをつくって、その通りに実行
すればいいんだとなると、ひとまずプランを予算化し、予算を
消化することが目的となりがちです。「広告費を下げられない
か」「売上が落ちたらどうする」などの議論を経て、曖昧な基準
で検討された予算が、いったん予算化されたら最後、消化する

040

のが目的になってしまう。施策ごとの数値目標を立てることは案外ありません。あったとしても、施策事前・事後で調査をして成果を判断するくらいです。

もし施策途中にリアルタイムで調査をしていれば、たとえターゲットへの到達度が低くても、さらなる手を打つことができます。期初に広告枠を一気におさえて、「契約してしまったので使わざるをえない」と予約型一辺倒でいくのか、運用型広告を混ぜておき、状況に応じて選択していくのか。マーケティングのプロセスを本気で改善したいなら、リアルタイムに、広告を運用していくことをお勧めします。

ユーザードリブンは、仮説検証型＋文脈発見型

ある飲料メーカーのマーケティング支援を行ったとき、「ブランデー」の消費者インサイトを見つけるために調査を行ったところ、その商品を購入している人や購入意向度の高い人は、「圧力鍋」を使って調理をしていることがわかりました。他の商品とランダムに掛け合わせたところ、偶然、相関が発見されたのです。そこから、そのブランデーを飲む人の生活スタイルや、購入の文脈を発見することができました。「圧力鍋」というのは、消費者のインサイトを"想像"で考えていては決して出てこないキーワードでした。

データドリブン（＝ユーザードリブン）には、仮説検証型と文脈発見型の２パターンがあります。施策の途中でデータ分析を行うと、事前に仮説を立てられなかった文脈を発見することもできます。リアルタイムにデータを見ながら、高サイクルで

施策を回すことによって、軌道修正しながら、マーケティングを最適化することができるのです。

広告代理店で働く人たちと「これからは打ち上げと完パケがなくなる」という話をしたことがあります。施策に「終わりがない」という意味です。リアルタイム性をもって、高サイクルで施策を続け、運用していくスタイルだと、一つの施策について、完パケを納品して、さあ打ち上げ、とはなりません。毎日何かしら施策のチャンスがあり、結果を見ながら微修正することが続いていくのです。そうなると、マーケティング調査の在り方も自ずと変わってくるでしょう。

毎日リアルタイムでデータを見ながら日々の施策を実践していくのは、面倒だと思われるかもしれません。しかしデータに目を向けない方が、よっぽど面倒なことになるかもしれないのです。目を閉じてその場で何度も飛び跳ねると、そのうち着地点が最初の立ち位置からずいぶんと離れてしまうのに似ています。目を開けて飛ぶ必要があるのです。目をしっかり開けて、毎日リアルタイムでデータを見ながら修正していく。特に経営層は、その構造をしっかりと認識すべきだと思います。

テレビ CM とデジタル広告の最適な配分は、費用最適化と効果最大化のための重要な課題です。第 1 章でテレビ CM のターゲット到達状況に応じたデジタル広告の配信を行う「CMARC」の紹介をしましたが、2018 年から競合他社のテレビ CM への対抗策となるデジタル広告の配信を行うサービスを追加しました（CMARC リターン・エース）。競合ブランドの CM 到達状況をリアルタイムで観測・分析し、発注権限者にアラートが出され

る仕組みで、権限者がGOサインを出せば最短翌日にも対抗策としてデジタル広告の出稿をすることができるのです。競合他社のテレビCMが到達しているターゲットにあえて当てる「競合迎撃型配信」と、競合が到達していないターゲットや時期を狙う「競合追撃型配信」の2種類があります。このように自社のテレビCMの状況に応じた、あるいは、競合他社のテレビCMに対抗したデジタル広告の配信をしていくことも可能になっています。

　特に、テレビ視聴時間が減少傾向にある若年層をターゲットとするブランドでは、テレビだけでのリーチ自体が難しくなっています。事前に最適なシミュレーションはできません。ターゲット到達状況をリアルタイムに把握しながらオンライン広告で手を打っていく。運用の発想で最適化を目指すことが必要です。

「マーケティングダッシュボード」による
運用の最適化

今や、消費者反応や競合ブランド動向など、広告配信の結果として得られるデータやそれを取り巻くデータは、第三者配信やDMPなどの技術を用いることで、リアルタイム性をもって大量に取得することができるようになっています。運用を最適化するためには、状況把握と施策実行までを円滑に行うことが必要です。

そこで「マーケティングダッシュボード」を使った運用方法があります。マーケティング目標を達成するための指標となるデータを一画面に集め可視化したツールで、施策の内容やユーザーの反応と実際の売上がどのように相関するのかを見ることができます。ひとつの場所にマーケティング施策を集約させることによって、相関を確認しやすくなるのです。

ある飲料メーカーでは、例えばTwitterなどSNS上のつぶやきを分析したデータと、売上との相関を見ていました。商品名の入った投稿などからブランド認知を測って、ブランドを認知しているアカウントのうち、その商品の飲用経験があるアカウントはどれくらいか、テキストマイニングをしてカウントし、認知している人、飲んだことがある人、ブランドのファンになった人、がどれくらい増えているかを追ったのです。なぜならその数値が販売量と最も相関していたからです。他にも、工場からどのタイミングで出荷されたか、大手流通との取引価格がどれだけ値下げされていたかなども、売上との相関関係があるとなれば、マーケティングダッシュボードにデータを入れ、可視

化すればいいわけです。そうなると、マーケティング施策と生産計画をリアルタイムでリンクさせられる「事業ダッシュボード」として活用できるでしょう。人、もの、金の流れを一覧で可視化できれば、「経営ダッシュボード」になります。

重要なのは、月末に振り返るのではなく、「リアルタイム」で施策と結果を相関させていき、スピーディーに意思決定に活かしていくことです。ダッシュボードは、情報の集約された"モニター"ではなく、意思決定するためのツールです。もともとダッシュボードとは、飛行機などの操縦に必要な計器類を搭載したボードのことを指しますが、ボードをただ見ているだけでは、飛行機は動きません。操縦桿を握ってボードを見守り、リアルタイムで、どちらに操縦するかと判断するためのものなのです。

マーケティングダッシュボードで可視化する

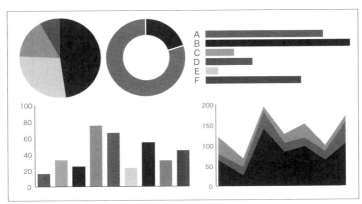

売上状況、ＳＮＳのつぶやきの分析、取引価格の推移など、目標を達成するための指標となるデータを一画面に集めた「マーケティングダッシュボード」は、意思決定のツールになる

マーケターはファンドマネージャー

　マーケティングのデジタル化によってマーケターの仕事は「事前のプランニング通りに実行する」から「マーケティングダッシュボードを用いてリアルタイムで状況を把握し、運用の発想で最適化を進める」へと変化していきます。そのためには、マーケターは「ファンドマネージャー」のような役割を担わなければなりません。ファンドマネージャーは、金融資産を運用する専門家として、投資家から預かった資金を運用していくのが仕事です。もし投資していた企業の株価が下がったら「損切り」をして、違う企業の株を買って損を取り返す。運用によって利益を上げるのがファンドマネージャーの役割です。

　マーケターの場合も、預かった予算を"消化する"のではなく、最適なマーケティングパフォーマンスにして返すのが仕事です。であればマーケティング施策も、効果がないものは「損切り」をしてすぐ別のものに買い替えたり、リアルタイムでダッシュボードを見ながらさまざまな手を打ったりして、最適な結果を上げることが重要です。

046

テレビを主体にしてきた宣伝部門が、デジタルも考えるべき

　マスメディアとデジタルを組み合わせないと本来、期待されていた力を発揮できなくなっているという懸念が生まれる中では、デジタルでの補完を、マス広告を買い付けてきた宣伝部門が考え、マスとデジタルの統合的なプランニングを行う必要があると私は提唱しています。

マスとデジタルの総合的なプランニング

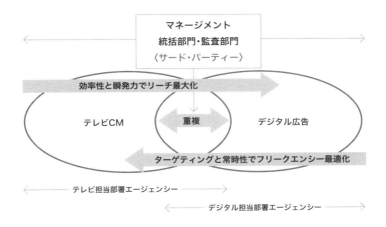

　デジタルの世界では昨今、人による視認が可能な状態＝ビューアビリティが話題になってきましたが、テレビにおいても、電源が点いているだけで、視聴されていない場合もあります。人の目に触れていないビューやインプレッションまでカウ

ントしてしまうと、正確な広告効果は測定ができません。まずはそれらのカウント方法を CMARC のようなツールで精緻化し、人の目に触れているインプレッションをテレビもデジタルも同じ土俵の上に上げていくべきです。

このようにマスとデジタルの最適な投資配分を考えていきましょうとお話すると、「テレビとデジタル、何対何の予算配分が最適でしょうか?」と問われることがありますが、あまり単純化して考えない方がいいと思います。ブランドが置かれている環境はもちろん、そのブランドのマーケティング課題が、顧客の態度変容を軸にした「パーセプションフロー※」のどの部分にあるか、により変わってきます。つまり、テレビ CM の 1 インプレッションとデジタル動画 CM の 1 インプレッションの価値はブランドごとに違うのです。またテレビの場合は、予算がほぼ"プラン"と同義になってしまうのに対して、デジタル広告は 1 億円の予算があれば、何千通りの使い方があります。

ポイントは、事前にどれだけシミュレーションしたところで最適な投資配分はわからないということです。予算の一部を残しておいて、目標達成に向けて、データを見ながら"運用"していく発想が求められています。

※音部大輔氏が提唱するターゲットの認識プロセスの概念

私はこれまでの経験から、テレビとデジタルを組み合わせることで、個々の施策よりも効果が高まるであろうという実感を持っています。テレビだけの施策よりも当たっている回数が増えるので認知も高まるのですが、これまでの施策の結果を平均すると、認知のリフトアップに比べ2.5 ～ 3 倍の購入意向にお

けるリフトアップが見られました。

　おそらく「デジタルで見た」「テレビで見た」と接点が複数になることで、人は行動を起こしやすくなるのだと推測できます。そうであればテレビCMと同じ素材をデジタルでも流すのは、あまり意味がなく、クリエイティブを出し分けた方が伸びしろが広がるのではないか、というのが私の考えです。

　第1章でもお話しした通り、テレビと違い能動的に接するデジタルのコミュニケーションはユーザーの文脈でつくられています。受動的に接するテレビは、ブランドの文脈のコンテンツでも受け入れられますが、同じものをデジタルで流してしまうと、ユーザーの興味関心を喚起しづらい。デジタルがユーザーの文脈でできている世界である以上、個々のユーザーが持つ文脈に合わせたコンテンツが必要であり、そうした観点からもテレビとデジタルの広告コンテンツは、出し分ける方が適切だと考えます。

　デジタルのターゲティングの有利な点は、ターゲットユーザーに配信できるのはもちろん、見せたくない人には届かずに済むことです。昨今、増えているテレビCMの炎上問題も、デジタルでターゲティングして配信していたら、「あれ面白いよね」とポジティブな世論形成が先にできたのではないかと思うものはあります。デジタルで話題になることで、テレビでも成功するケースということです。

　こうしたデジタルとテレビの違いをふまえた上で、統合的にプランニングし、適切な配分を考えていく必要があります。

デジタル化の本丸は人材育成

　ここからは、「マーケティングのデジタル化」5つの本質の4つ目、"デジタル化"を実践する人材に「必要なスキル」とは何かを解説していきます。

　その1　「アナログ施策のデジタル化」こそが本丸
　その2　「ブランド単位のマーケティング」から「消費者
　　　　　　IDベースのマーケティング」へ
　その3　「事前のプランを実行する」から「運用して最適
　　　　　　化する」へ
　その4　**「デジタルマーケティングに必要なスキル」の要**
　　　　　　件定義をする
　その5　「新たなディストリビューションパイプ」となる
　　　　　　DNVB

　「はじめに」で、マーケターとデータサイエンティストの関係を、海外ドラマ『24』に登場するジャック・バウアーと、天才的な分析官、クロエ・オブライエンにたとえましたが、デジタル化の本丸は、ジャック・バウアーのように「デジタルの専門家に指示を出せる企業内マーケター」の育成であると考えます。企業においては、未だマス広告を担当する人たちとデジタルの部門が分離しているのが現状です。デジタルを強化しようと、専門組織をつくったばかりに、逆に孤立してしまい、融合が進まないケースも少なくありません。

私はここ数年、マス広告を担当している人たちが、どうすればデジタル発想を取り込んでいけるかに向き合ってきました。現場には、デジタルトランスフォーメーションへの適応力がある人たちも少なくないように思えます。ところがその適応力が部門部門での最適化に発揮され、それゆえに全体最適が進まないというジレンマもあります。目の前の施策をデジタル化させるだけではなく、本質的なデジタル化を行うには、経営層からトップダウンで進めるべきです。その上で現場のビジネスとデジタルの両方を理解している人材が必要なのです。アメリカの新聞業界では、すでに記者とデータアナリストがペアを組んで動いているケースもあります。

　ちなみに『24』においては、ストーリーが進んでいくと、分析官のクロエ・オブライエンが自ら現場に出てくるようになります。現場のマーケターと、データのプロフェッショナルが手を組み、専門性を発揮しつつも、お互いの領域を学んでいくことが重要なのではないでしょうか。

デジタルマーケティング本部(デジマ) を 出島にしない方法

　デジタルマーケティング本部が"出島"化してしまうのは、日本企業の「生え抜き」重視の文化も影響しています。デジタルの専門家をせっかく外から連れてきても、社内の実践部分はプロパー社員に任せ、デジタルの専門家には枝葉部分の施策を任せるにとどめてしまう。その結果、「デジマ」は事業の本質には食い込めず、どんどん孤立化するのです。

実際「デジタルだけわかっている人」を連れて来ても、企業の施策そのものを知らなければ機能しないのです。だとすると、社内の"実践"に詳しい人材が「デジタルをどこに応用するか」「どんなデータがあれば、活動を最適化できるか」を、まずは考えなくてはならないでしょう。そのためには、多少データやテクノロジーの勉強が必要です。施策側をわかっている人間がデータを学ぶことで、はじめて、デジタルの専門家が機能するのです。

　私は、このことを、経営者側がまず理解しておく必要があると強く感じます。なんとなく流行りのデジタル施策を求めたり、組織を作ったりするだけでは、顧客がデジタル化している今、立ち行かない。マーケティングを取り巻く構造は大きく変化しています。企業側にはデジタル化すべき必然性があり、もはやトップダウンで"本質的な"デジタル化を推進していくべきです。経営者の理解をいかに促すかも重要になるでしょう。

箱の議論ではなく、属する人のスキルを定義すべし

　"出島"化に象徴されるように、デジタル化に対応するためには、組織（箱）を作って住むのではなく、その箱に入れる中身が重要です。必要とされるのは、「スキルの要件定義」。

　すでにあるスキルを寄せ集めるだけではなく、「今はないが今後に向けて獲得すべきスキル」を具体的に定義する必要があります。以前、ある企業で研修を行ったとき、「デジタルマーケティング本部の中にどんな人材がいたら良いか、定義してください」と課題を投げかけたところ「インターネット広告を担当

した経験がある人を連れてくる」と回答が挙がりました。しかし、既存のスキルを組織の中に集めることによって、新しいスキルは醸成されるのでしょうか？　また、「連れてくる」ということは、これまで宣伝部にいた人材は、やはりマス広告しか担当しない人材のままでいいのでしょうか？　例えばマス広告の宣伝部員であれば「ワールドビジネスサテライト（テレビ東京）の買い付けと、NewsPicksのスポンサード枠づくりが同時にできる宣伝部員」のように、具体的にスキルを定義してみましょう。今、必要とされる宣伝・マーケティング部門のスキルの理想像を描いた上で、計画的にスキルセットが組織内で養われていくような戦略が必要です。

従来の人事ローテーションを見直す

　現在の日本企業の組織は、組織の中で知見やスキルを積み上げて、来年も再来年も誰がメンバーになっても「再現」できるようにしようという意向が弱いように思います。ノウハウをため込んでいる人が異動すると、部署全体のパフォーマンスが落ちたり、人事ローテーションによって新しい人が来ると、去年までの取り組みを否定して、一度壊してから自分のカラーをつくり上げていったりする。毎年０から始まるという意味で非常に残念な傾向です。

　自社の中で所有すべきスキルは何かを明確にした上で、従来の人事ローテーションを見直すべきでしょう。ただ役割をローテーションしていくのではなく、社内外にどのように認知される組織を作るのかを考えた上でローテーションを考えるべきです。

例えば以前、私がコンサルティングを行った企業では、宣伝部の中に、3名がプロパー社員、他の3名が会社の外からきたデジタルの専門知識がある社員で、プロパー社員×中途社員のペアを3組、6名編成のチームをつくりました。そして、「ペイドメディア」「オウンドメディア」「アーンドメディア」に担当を分けて、ローテーションを行ったのです。すると1年半後には、6名はどのメディアに対しても60点以上くらいの知見を備えていました。オウンドメディアに詳しい人、ペイドメディアに詳しい人、アーンドメディアに詳しい人ではなく、まんべんなく60点以上の知見がある社員が6名の組織をなしている方が、社内外としても認知されやすく、インパクトが大きいのです。

　このように「何ができる人を育てるのか」を定義してから、それに適した方法で人事ローテーションを組むことが望ましいと私は考えています。

2020年代のマーケティング構造改革
企業のPOE

　かつて私は、企業のマーケティングメディアをPOE（ペイドメディア、オウンドメディア、アーンドメディア）に整理する「トリプルメディア」の考え方を日本に紹介しましたが、2020年代に企業が迎える構造改革に合わせて、マーケターがすべきことを改めてPOEに整理してみます。

Paid：買うべきもの
・優良なパブリッシャーコンテンツ
・プレミアムな広告掲載面
・オペレーションのマンパワー
・サード・パーティー・データ

Owned：所有すべきもの
・データ（カスタマーデータプラットフォーム構築によるデータ活用環境）
・データを駆使できるスキル
・マス＆リアル＆デジタル統合スキル

Earned：得るべきもの
・ファン
・サブスクライバー

　このように、自社でノウハウを溜めるべきところ、外からも

らってくるところを整理し、自社でノウハウやデータを溜める部分を明確化することが重要です。

　マス広告の時代の「予算＝施策」とは異なり、デジタル広告を組み合わせることによって、最適化次第では100億円のパフォーマンスを30億円でもできる時代が到来しています。いかなるノウハウやデータが社内に蓄積しているかで、マーケティングのパフォーマンスが大きく変わる。予算だけではなくスキルで差がつく時代になったのです。

　デジタルマーケティング時代に、何を買い、何を所有し、何を得るべきか。本章の最後に欧米の注目すべき動向を紹介しましょう。2016年以降、世界最大のスーパーマーケットチェーンであるWalmartが、デジタル・ネイティブ・バーティカル・ブランド（DNVB）を買収して育てていると話題になっています。DNVBとは、デジタルネイティブを起点に特定のニーズを持ったカテゴリーのブランドを指し、特定の顧客をターゲットにしたものです。何を売るか、ではなく、顧客ありきなのです。DNVBは、ソーシャルメディアの台頭によって生まれた新しいマーケティング形式であり、サブスクリプションモデルの新形態。コミュニケーションの主導権が顧客の側にシフトする中で、DNVBは、顧客とつながる新たな「ディストリビューション（流通、コンテンツ、カスタマーサービスを含む）」を形作っています。このDNVBについては、マーケティングのデジタル化5つの本質の5番目としてコラムで詳しく解説していきます。

> その1 「アナログ施策のデジタル化」こそが本丸
> その2 「ブランド単位のマーケティング」から「消費者
> 　　　 IDベースのマーケティング」へ
> その3 「事前のプランを実行する」から「運用して最適
> 　　　 化する」へ
> その4 「デジタルマーケティングに必要なスキル」の要
> 　　　 件定義をする
> **その5 「新たなディストリビューションパイプ」となる
> 　　　 DNVB**

　その1からその4までは、今ある商品を売ったり、良くしたりするための支援の話を中心にしてきましたが、その5では視野を広げます。経営視点からすると、DNVBのような成長ドライバーとなる重要なブランドを発見し、資本を投下して育成していくことは、マーケティングの管轄領域だと考えるからです。デジタル化によって、ディストリビューションにどんな変化が起き、どのようなDNVBが生まれ、どんなデータが集積されているのか。それによりどんなマーケティングの構造変化が起きようとしているのかを見ていきます。

Column

新たなディストリビューションパイプとなる
DNVB（デジタル・ネイティブ・バーティカル・ブランド）

急成長するDNVBとは？

マーケターがデータをもとに生活者の動きに向き合っていく中で、マーケティングのデジタル化の発展形として注目したいのが、デジタルで直接生活者とつながり、特定のカテゴリーに特化して製造直販する「デジタル・ネイティブ・バーティカル・ブランド（DNVB）」です（英語では「Digitally Native Vertical Brand」と表記しますが、日本語の通じやすさから本書では「デジタリー」ではなく「デジタル」としています）。

DNVBは、アパレルブランド「BONOBOS」の創業者であるアンディー・ダン氏が作った造語で、「デジタルにネイティブ」で、「バーティカル産業に特化」し、「ブランドを育む」事業形態と定義されます。代表的なDNVBには、男性向けパンツでECが急成長し、ショールームとしての実店舗も広げるBONOBOSのほか、オンライン会員にカミソリを毎月届けるDollar Shave Clubや、複数のメガネを自宅で試着できるWarby Parkerなどがあります。新しい価値を生む気概のあるスタートアップのDNVBが出てきていることから、従来品をECで販売する形態とは区別して使われています。

直接消費者につながるビジネスといえば、「D2C（Direct to Consumer）」という概念がありますが、米国では2017年に広

058

告主協会がDNVBのトップ25をレポートしたことを機に、
「DNVB」の概念がマーケティング業界に広まっています。
「D2C」が「直接に消費者とつながる」という「販売経路や売り
方」を重視し、収益を指標としているのに対し、DNVBは「新
生のブランド資産を育成する」という、ブランドづくりの考え
方を根源としており、成長領域への戦略的な投資として事業が
位置付けられています。

米国広告主協会レポートに挙がったTOP25のDNVB

- BONOBOS：メンズアパレル
- Draper James：アパレル
- ELOQUII：アパレル（プラスサイズ）
- EVERLANE：アパレル
- M.M.LaFleur：女性向け仕事服
- ROCKETS OF AWESOME：子ども服
- aloyoga：ヨガウェア
- Outdoor Voices：アクティブウェア
- SAXX Underwear：下着
- THIRDLOVE：下着
- STANCE：靴下
- M.GEMI：靴
- ROTHY'S：靴

- PERVERSE：サングラス
- QUAY AUSTRALIA：サングラス
- Warby Parker：眼鏡
- MVMT：時計
- AWAY：旅行カバン
- BIRCHBOX：化粧品
- Glossier：化粧品
- Kopari：化粧品
- MORPHE：化粧品
- HARRY'S：カミソリ
- Casper：マットレス
- PARACHUTE：寝具

　TOP25のリストで紹介しているDNVBを具体的にいくつか
紹介します。男性ファッションの「BONOBOS」は、創業が
2007年で、2017年に米Walmartが約340億円（3.1億ドル）で
買収をしています。創業時からオンライン上で完結するブラン

ディングと販売に特化し、実店舗は「ガイドショップ」と名付けたショールームの位置づけで、物販を行いません。

来店する人はオンライン上でスタイリストとアポイントメントを取ることから、交通量の多い路面店である必要が無く、コストを抑えられる仕組みです。店頭で試着をして購入希望の場合は、タブレット入力でオンライン決済の上、自宅に配送されます（持ち帰る必要がない、という発想）。来店者はサロンの感覚で飲み物を出してもらったり、ソファーでゆっくりくつろいだりしていて、顧客との接点（エンゲージ度合い）を高めています。

店頭での販売が無いということは、在庫を持つスペースを縮小でき、現金やカードの決済管理が必要なく、運営コストが通常の在庫販売型の店舗よりも低く抑えられる特徴があります。創業者のアンディー・ダン氏が「DNVB」というカテゴリーの命名者として有名で、Walmart が買収してからも Walmart のオンライン化に強力な知見を蓄積する役目を担っています。

「HARRY'S」は、ひげ剃りのオンライン・サブスクリプション型のサービスです。リストで紹介されているメガネ販売の「Warby Parker」の共同創設者の一人が創設した事業で、デジタル・ネイティブのエコシステムを作るのに長けた人材が集まっています。

このサービスは初回時にカミソリの持ち手の本体を選び、配送頻度とプランの選択に応じて定期配送されます。2013 年に起業しシードラウンドの資金（新規ビジネスの立ち上げの時期に行われる資金調達）で、翌年にいきなり 93 年の歴史を持つドイ

ツの老舗工場を 1 億ドルで買収しました。日本語で表現すれば「匠が作る製品」としてのハイクラスなブランドイメージを、サブスクリプション（月・定額支払い）のカテゴリーで築き上げました。

「HARRY'S」は 2019 年 5 月にひげ剃りブランド「Schick」を持つ Edgewell Personal Care 社が約 1,500 億円（13.7 億ドル）で買収しています。これは 2016 年に英蘭 Unilever が買収をした同業の「Dollar Shave Club」の約 1,100 億円（10 億ドル）を上回ることで DNVB のカテゴリーが一気に話題になりました。

これらの例のように米国では「ファッション」、「コスメ」や「ヘルスケア」の領域で DNVB の比率が高まっています。

ここで、DNVB の特徴を整理します。まず日本の D2C と共通するところは、2 点あります。

1： 「製造直販」を、テクノロジーの力で可能にさせる。理論上、中間コストが少ない分、売上粗利率はおよそ倍（例えば EC の粗利が 30% に対し、DNVB は 65% というレベル）、その分「億円単位」での利益貢献になる。

2： 顧客情報を直接持つことができる。

以下は、日本の D2C とは大きく異なる特徴です。

3： "Branding is Everything"「ブランド体験」がオンライン起点で拡散される。自社ブランドが提供するメッセージだけでなく、インフルエンサーを筆頭としたソーシャル上の

　　　　ユーザー起点のコンテンツ（UGC）がブランドを支える。

4： 通常のEコマースとは別物であり、Amazonとも競合しない「第三の流通チャネル」。「販促」ではないので、売上への直結時間は遅く、長期で顧客生涯価値（LTV）を育てることを目的とする。

5： スタートアップのマインドで、コミュニティーを成長させるパワーを持つ。大企業の自社開発で立ち上がるブランドとは趣が違う。

6： 消費財ブランドの場合、これまで、一見衰退していた「老舗の工場」や「リアルの製品や素材」をM&Aや提携で確保。「テクノロジー・プラットフォーム」で再生させて、流通経路をユーザーまで直結させる。伝統素材や工場の技術を使う姿勢にファンが群がる現象も見られる。

例） シューズブランドの「M.GEMI」はイタリアの靴工房を買収、カミソリブランド「HARRY'S」はドイツの老舗工場を買収

7： 自社で保有する「ファースト・パーティー・データ」が積み上げと活用で最重要になり、「インハウス」のチームで管理・育成していくビジネスである。SNSを中心にオンライン上でのオーディエンス（ファン）を持つメディアである。

8： スタートアップとして収益、資産の全体管理を行う。マーケティング費用はR&D（研究開発）費用の概念で、オーディエンスを開拓する投資である。大企業の統括マーケティングでは通用しない。

9： 強烈なリーダーシップがある。届けたいサービスに対する

「創業者」の思いやイズム、バイブルが存在する。
10：エグジット（株式の売却で利益を得る）を前提としたビジネス・モデルを起点とし、エグジットで得た資金をさらなる成長に再投資するマーケティング。

DNVB、D2C、EC販売、C2C

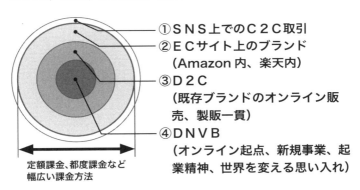

① SNS上でのC2C取引
② ECサイト上のブランド（Amazon内、楽天内）
③ D2C（既存ブランドのオンライン販売、製販一貫）
④ DNVB（オンライン起点、新規事業、起業精神、世界を変える思い入れ）

定額課金、都度課金など幅広い課金方法

　このような特徴を持つDNVBは、SNSを軸にオーディエンスとのつながりを深めながら、顧客ありきで事業を進展させ、既存の大手ブランドを脅かす存在になっています。本書では、データをただ集めるのではなくデータで何をするのかを考えマーケティングを最適化する大切さについて繰り返しお話ししていますが、DNVBは、どのようなことに価値を置いた施策をしているのでしょうか。似て非なる日本におけるD2CとDNVBの差を5つ挙げておきます。

①日本のD2Cは、大手企業による「ロイヤルカスタマーを囲い

込む」という仕組み発想から立ち上げた「自社 EC サイト」ありきのケースが多い。DNVB は、「イズム」や「カリスマ」を支援するオーディエンスを育む、という目線がある。

②日本の D2C は、ブランドの成長ために、インフルエンサーを「Paid で雇う」手法で、顧客認知（ブースト）やエンゲージメントを深める期待がある。一方、DNVB 企業での Paid 広告が目に見えるときは、かなり成長ステージに突入してからであり、立ち上がり当初は SNS 上での地道なファンとのコミュニケーションからスタートする。この点が即効的な投資効果を求められる上場企業の自社開発の部署では、育ちにくいカルチャーである。DNVB 企業が Paid で買うものは、「マス展開」としてのメディア露出のパワーよりも、「流通パワー」を購買するケースが多い。顧客と直接つながるチャネルに資本を投下する。

③日本の D2C は、既存ビジネスからオンラインに「シフト」させたり「合併」させ営業利益率を下げている。DNVB はオンラインファースト（起点）。既存事業とはまったく別の新業態。

④日本の D2C は、「ターゲティング」という名の「顧客を探す」ファネル上部へのアプローチから始まり「当たった顧客を、刈り取る」ファネル下部への流れが「カスタマージャーニー」とされる。これに対して、DNVB では「ジョウゴ型」ではなく「円筒形」のバーティカル（垂直）形状の顧客関係を望む。ある特定のオーディエンス群である「細い円筒（ストロー）」の垂直立ち上げを行い、（ほんの）数万人の「強い」円筒・ストローを育むことが起点だ。ＳＮＳを中心としたデジタル・

メディア上でのプレゼンスやタレント性が最初にあり、その後に商品流通が広がる。その後、徐々に「少し太め」の円筒・ストローに発展させたり、別の筒・ストローと束ねることがビジネス成長のステップとなる。まずは約「10万人」ほどのフォロワーやオーディエンス単位に成長すればブランドとして自立できて、採算ペースに乗る。

（左）旧来のマーケティングファネルと
（右）筒型のマーケティングのイメージ

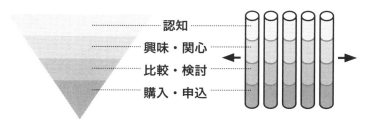

⑤日本のD2Cは、自社企業によるR&D（企画、開発）が起点で、そこから製品が開発される。その後に別予算である各ブランド統合のマーケティングが行われ、販売経路としてのオンラインで販売される。一方DNVBの構造は、R&Dの中にはM&Aによる技術買収やオーディエンス買収を含んでおり、これらを含んだ予算を「戦略マーケティング費用」として解釈する。Ｒ＆Ｄ費用とマーケティング費用をひとくくりにした投資予算の中で最適解を求める割り振りを行う。

デジタルネイティブな経営者の獲得

　米国では「アマゾン・エフェクト」が流行語を越えて、既存ビジネスの凋落の傾向に拍車がかかっています。唯一アマゾン・エフェクトを「回避」して、「先手」を打てているのが米 Walmart と言われており用意周到に熱狂的なオーディエンスのパイプを持つ DNVB を取り込んでいます。

　既存事業とのシナジーを期待するのではなく買収後もスタートアップ企業としての DNVB の自治は保ちつつ、大企業による「物流」バックエンド機能は増強し、成長を遂げています。

　Walmart は 2016 年に「Jet.com（約 3,600 億円／ 33 億ドル）」を買収し、Jet.com を創業したマーク・ローリ氏を Walmart の社内 TOP5 の執行役員として抜擢しました。外部人材とオンライン物流システムを体内に入れる投資と言えます。以降ローリ氏は M&A によって、前述の「BONOBOS」や、女性ファッション「ModCloth」等の DNVB の事業と CEO を次々と買収しており、傘下に入れる DNVB 企業数を 40 社に引き上げる構想を発表しています。

　アントレプレナー CEO を集めるために、その企業ごと買収して Walmart の資産と土俵を使ってもらい、次の「起業」を育成する孵化器の役割に変身したかのように見えます。デジタルネイティブに柔軟に事業を考えられる外部人材を取り込み、マーケティングの構造改革を起こしているのです。

　Walmart のマーク・ローリ氏は 2018 年に「会話型」コンシ

エルジュ・サービス（注文、配達代行）のDNVBとして「Jetblack（ジェット・ブラック）」をスタートさせました。例えば「10歳の娘の誕生日パーティー用ギフト」という個別オーダーにも対応して、写真リストが提示され、無料でギフトラッピングを施してくれます。「テキストメッセージ（LINEやメッセンジャーの機能と同じ）」を通じての会話ですが、音声認識技術を使ってメッセージを入力することもできます。店舗を持つWalmartが店舗を前提とせず、テクノロジーを駆使して、顧客とのつながりの開拓へ踏み込んだ実験は評価できます。

　「認知」の間口を広げ刈り取るための「ファネル」ではなく、信頼の輪をつなげあうための「パイプ」型のマーケティングへのシフトが起きているのです。Walmartは自社でコツコツと既存顧客の1次データを集めるだけでなく、DNVBが作った細い顧客パイプを大切に束ね、その重みを理解するアントレプレナーのCEOを集めています。「品揃え豊富なので、なんでもお知らせください」というAmazon方式ではなく、「さらなる個別の御用、お悩みがあれば教えて下さい」という個人のパイプ作りをしているのです。こうした「ダイレクトに顧客とつながる」施策は、マーケティング予算や人材採用の変化を含め、これまでのマーケティングの枠や概念も再考する必要性を提示しています。

　ここまで見てきたようにDNVBは「筒・パイプ・ストロー型のマーケティング」の典型です。DNVBの登場は単なる「D2C」や「サブスク」、「オンライン・ファースト」という「リアルからデジタルへの商流の変化」にとどまっていない、マーケティング概念の変化が含まれています。

「筒、パイプ、ストロー」型のマーケティングは、英語では「Distribution（ディストリビューション）」という概念で語られつつあります。単なる「お届けする＝Distribute」の意味合いに留まらず、営業や配達の役割を超えて「お客様データセンター」として個人カルテを構築し、「お客様相談室」として顧客の意見や好みを聞きとる「Communication」を含み、金融決済をワンクリックで処理する「Transaction」を担い、次の新しいお客様に「個々に」つながる Distribution ネットワーク（和）をさらに「広げる」ところまでを総称して「Distribution」と呼んでいます。

　この「個別・パーソナル」なつながりのためには、主語が「企業自分」ではなく、「個人（あなた）たち」を尊重するところから始まります。データの中でも「ファースト・パーティー・データ」を積み上げ、顧客とのパイプを拡大する、DNVBへの理解を深めることは、マーケティング変化（ビジネス変化）に対する、わかりやすいきっかけを提供してもらっているともいえるでしょう。

第2章まとめ

マーケティングのデジタル化 5 つの本質
その 3 「事前のプランを実行する」から「運用して最適化する」へ

・施策途中にリアルタイムにデータを見ながら修正、運用の発想で、さらなる打ち手を考える
・マーケティング目標を達成するための指標となるデータを一画面に集めた「マーケテイングダッシュボード」を活用する
・宣伝部門は、マスとデジタルの最適な投資配分をし、クリエイティブを出し分けていく。デジタル広告は、ブランド文脈よりも、ユーザーの文脈に合わせたコンテンツで

マーケティングのデジタル化 5 つの本質
その 4 「デジタルマーケティングに必要なスキル」の要件定義をする

・トップダウンでマーケティングのデジタル化を進める。社内の実践に詳しい人が、データやテクノロジーについて勉強し、どんなデータがあれば活動を最適化できるかをまず考える
・組織の中で、獲得すべきスキル、何ができる人を育てるのかを具体的に定義してから人事ローテーションを組む
・自社でノウハウを溜めるべきところ、外からノウハウをもらってくるところを整理する

マーケティングのデジタル化 5 つの本質
その 5「新たなディストリビューションパイプ」となる DNVB

- DNVB は、オンラインを起点にオーディエンスとのつながりを深めながら、顧客ありきで事業を進めている
- Walmart は DNVB を買収し、DNVB が作った細い顧客パイプを束ね、その重みを理解するアントレプレナーを集めている
- 認知の間口を広げ、刈り取るファネルから、顧客と個々につながり、信頼の輪をつなぐ「パイプ型」のマーケティングへのシフトが起きている

実践編

第 3 章

データ・ドリブン・マーケティングの実践

データ・ドリブン・マーケティングの準備

　考え方編で見てきたように、マーケティングのプロセスにデジタルの発想を取り入れ、データを活用していく取り組みは、効果の計測環境の整備などに伴って、デジタル広告のようなデジタル施策以外の領域にも広がっています。

　データ活用は、定量化できることだけがメリットだと思われがちなのですが、ノウハウの蓄積や人材教育、社内の意思決定の効率化の面などで導入するメリットは多々あります。実践編では、考え方編で見てきたマーケティングのデジタル化5つの本質のうち、特に効果が分かりやすい、その1「アナログ施策のデジタル化」を中心に、どのようにデータを活用していくか、データ・ドリブン・マーケティングの実践についてお伝えします。まずは、実践において必要な環境や導入のメリット・デメリットについて紹介していきます。

　データ・ドリブン・マーケティングとは「なんらかの指標を元に判断をしてマーケティング活動を実施すること」を指します。

　例えば、サイトのユーザー数を増やしたいのであれば、サイトの継続率や新規登録者数を判断材料にして、実行した施策やプランの結果を評価していくといったプロセスをデータ・ドリブン・マーケティングといいます。

　そのため、データ・ドリブン・マーケティングをするためにはまずデータを計測し、定期的に確認できる環境を作る必要があります。Web広告の領域であれば施策の良し悪しを判断する

ために広告の表示からコンバージョンに至るまでの一連の数値を取得する必要がありますし、サイトの改善をするためにはトップページから成果地点までの数値を取得する必要があります。いわゆる「見える化」と言われるプロセスになるのですが、社内に散らばっているデータをまとめていく作業やそれを帳票にしていく作業はかなり労力を取られてしまうため、目的意識やメリットを意識していないと導入が止まってしまうことが多いです。

　データ・ドリブン・マーケティングを導入しようとして陥りがちなのは、さまざまなデータを取得した結果「細かな数字はわかったけれど、思うように結果に結びつかない」「課題がどこにあるかはわかったけれど、そこから何をしたら良いのかわからなかった」といった総括に至るケースです。こうしたケースを見るに「とにかくデータを使ってマーケティングしなければ」と、熱意や気持ちだけで導入をスタートさせている企業や組織が多いのではないかと感じます。

　当然のことながら、データ・ドリブン・マーケティング導入の目的は「データを使ってマーケティングする」ことではないはずです。売上アップや利益アップにつなげるためには、いったいどんな環境が必要なのでしょうか?

　導入にあたり事前に準備しておくことが必要な、3つの環境についてまとめます。

【データ・ドリブン・マーケティングの準備】

データを計測し、定期的に確認できる環境をつくる

1　良し悪しを判断するための KPI を設定

2　KPI を見える化

3　数値改善の仮説を立てる

（1）良し悪しを判断するための KPI を設定する

　施策の良し悪しを判断するためには、売上や利益などの最終的な目標から、「自分（担当者）の裁量で改善することができるレベル」にまで因数分解していく必要があります。例えば売上を因数分解すると、

売上＝（A 顧客単価）×（B 客数）

となり、この A・B の要素から、さらに自分の裁量が及ぶ単位まで具体的に分解していきます。つまり KPI は、どの担当者が実施するか、その担当者が持っている裁量や目標によって異なるのです。

【KPI 設定の例】

・経営者が実施する場合：経営全体に裁量が及ぶため、経営目標そのもの（売上や利益）をKPIとして設定すればよい。

・Web広告の担当者が実施する場合：顧客の獲得単価や費用対効果、サイトの誘導数など。

・営業担当者が実施する場合：打ち合わせ件数や受注率など。

(2)（1）で設定したKPIを"見える化"する

　施策の良し悪しを判断するためのKPIが、数値として見える化されていることが必要です。経営者によるKPI（売上や利益）はすでに見える化されていることが多いと思いますが、そこからブレイクダウンしたKPIを使用する場合は、数値データそのものを取得するための仕組みや環境を事前に整えておく必要があります。

　社内や部署内でも、一部の人にしか数値が見える化されていないケースが多々あります。場合によっては、全体で共有できる仕組みやツールを導入しておく必要があるでしょう。

【KPIの見える化の例】

・Web広告の担当者が用いるKPI（＝顧客の獲得単価や費用対効果、サイトの誘導数など）の見える化には、広告配信媒体の管理画面の数値やExcel、場合によってはBIツール（ビジネスインテリジェンスツール。企業に蓄積された大量のデータを集めて分析するためのツール）などを使う。

・営業担当者が用いるKPI（＝打ち合わせ件数や受注率など）の見える化には、SFA（営業支援ツール）などを使う。

(3)（2）で見える化した数値を改善するための施策を考える（仮説を立てておく）

　（3）が、実は最も抜け落ちやすい観点です。

　例えば（1）KPIとして「継続率」を設定し、（2）データとして取得できる形に"見える化"したとします。データを取得していくと、ある層について継続率がダウンしていることがわ

かりました。ところが"問題がある"ことだけがわかっても、最終的な売上や利益には結びつきません。むしろ、"問題がある"ことを示すデータだけが山積みになっていくのでは、現場で働く人々の不満や不安が溜まっていくばかりです。

　重要なのは「で、どうしたらいいだろう?」と考えること、つまり改善のための施策を立案することです。当たり前のことのように聞こえるかもしれませんが、実際のところ「新規ユーザーを増やすことが課題である」「継続率を上げることが重要である」という結論で止まってしまい「データを使っても、結局効果が出なかった」というケースが多々あるのです。「この層の継続率に問題がありそうだ」と気づいたとき、同時に改善のための仮説が出ていることが重要です。その施策を打ってみたらどう変わるか、継続率は上がったのか、下がったのか。施策の結果から、また新たな仮説を導き出すのです。

　これまでなら単体で測れなかった、売上につながる細かな指標も、現在はさまざまなツールによって見える化できるようになりました。細かな指標についてデータを取得しながら、ただデータを取りっぱなしにするのではなく、数字を上げるための施策について事前に仮説を立てておき、実行する。こうしたサイクルを回せるように、事前に環境を整えておかなければなりません。

　KPIの設定や見える化のためには、時にデータ自体の整備や新たなツールの導入が必要になることもあるでしょう。その上で、得られた数値を元にした施策立案(マーケティング活動)を積み重ねていかなければいけません。これらがそろってやっ

とデータ・ドリブン・マーケティングを実施できるようになるのです。

データ・ドリブン・マーケティングを実施するメリット・デメリット

ここからはデータ・ドリブン・マーケティングの環境を構築した際に得られるメリット・デメリットを解説します。

データ・ドリブン・マーケティングを社内に浸透させることで得られるメリットは大きく分けると以下の3点だと考えています。

（1）ノウハウのデータベース化のメリット

（2）人材教育面でのメリット

（3）社内の意思決定面でのメリット

まず、（1）ノウハウのデータベース化のメリットとしては過去の成功した施策や失敗した施策を特定の KPI の良し悪しによってまとめることができる点です。さまざまなクライアントにヒアリングしていくと季節や他の施策の影響によって「ゴールデンウィークの後は広告を強めた方がいい」とか「正月は広告を打たない方がいい」とか「テレビ CM に大量投入をした後はターゲティング広告の効果が芳しくない」などの迷信的なノウハウが社内に散らばっていることが多いです。

これらについてもデータを元に整理をしておくと「ゴールデンウィークの後は CPA（顧客獲得単価）がゴールデンウィーク前と比較して例年○％悪化する傾向があるので施策の良し悪

しを判断する場合は○％分の補正が必要」や「正月はサイトの来訪者数が前後比較で○％減少するため、広告を打ってもサイトに来訪する人が減って無駄な広告になってしまう」など定量的な根拠とともにまとめておくことができるようになり、「そういえば去年もそうだった！」といった失敗をしなくなります。ノウハウを定量的に蓄積しておくことによってそういった無駄な費用や時間を使うことが少なくなります。

　（2）人材教育面でのメリットは、蓄積したノウハウを一から新しく入った人が思いつく必要がなくなり、良い傾向が出やすい施策はこういう傾向があり、悪い傾向が出た施策はこういう傾向があるということを、施策を実施する必要なく伝えることができるようになることです。費用や時間が無限にあるのであれば経験をしてみてその結果を腹落ちしてもらい、新しく入ってきた人の頭の中にたたき込むことができるのですが、そんな余裕がある会社も少ないと思います。データ・ドリブン・マーケティングによって無駄なく誰もが施策を実施することができるようになります。

　最後に（3）社内の意思決定面でのメリットですが、データを元にした意思決定を行わない場合「○○さんに根回しをしておこう」とか「これは○○さんの肝いり施策だから」といった会社の成長とは異なる政治的な意思決定が横行してしまう危険性があります。会社にとって上司のご機嫌取りが最も重要な判断材料というのであれば、データ・ドリブン・マーケティングはなんのメリットもないのですが、上司のご機嫌が必ずしも会

社の成長に結びつかないことも多いので、そこは「データを見ると A 案と B 案では A 案の方が良いです」と新卒も社長も言えるようにすることで意思決定を誰もがスピーディーに行うことができるようになります。

　ここまでデータ・ドリブン・マーケティングにはメリットがあるという話をしていますが、デメリットもあります。例えば、「過去に起こった事象以外から判断をすることができなくなる」ということです。

　有名な例だと、リーマン・ショックが起こったときに世界中の金融機関の自動取引のシステムが適切な取引をできなくなったという事例がありますが、これも過去に起こった出来事からすると通常では考えられない結果が得られたため適切な取引ができなくなってしまったという話です。これは実際にマーケティングの場面でも発生することがあり、過去に起こったどの事象も当てはまらないということがあるのですが、その場合はデータを元にした判断ではなく、クリエイティビティを活かして新しいことに挑戦をしてみるというのがいいと思います。過去の実績を活かすべきときにはデータ・ドリブンに意思決定を行い、新しいチャレンジをしなくてはいけないときはデータを使わずに意思決定を行うといった役割分担をする必要があります。今回はどのケースなのかを判断するためにも、データを使った意思決定を日頃から行っておくことは重要です。

　データ・ドリブン・マーケティングを実施するには初期投資はかかってしまうのですが、社内のノウハウを汎用化したり、

実施したマーケティング活動の精度を上げ、費用面・時間面での無駄を今まで以上になくすことができるようになるという面で、いつかは導入に踏み込まなくてはいけないものであると言えます。本書ではKPIの見える化やそのために必要なツールについてはあまり言及せずに、具体的なマーケティング活動を行っていく上でどのようなことが可能になるかを事例をふまえて紹介していきます。

データを使って「誰に」「どうやって」アプローチするか

マーケティング戦略を考えるとき、どういう状態の「誰に」対して「どのような」マーケティング施策を当てるかということを考えることになります。ここからはデータを使って「誰に」と最適な手段である「どうやって」を決めていく際の、決め方と注意点をまとめていきます。

通常、ターゲット選定およびそこへのアプローチ方法を考える場合、仮説をベースにして対象のペルソナ像を設定し、そこに対して経験を元にどのようなアプローチ方法が適切かということを考えていくことになります。場合によっては自社商品の購入に対して何個かのチェックポイントのようなものを設定して、態度ベースや行動ベースで商品への興味の度合いを区切り、それに対して一つひとつステップを進めていくカスタマージャーニーのようなプロセスをつくり、施策を練っていくというような具合に進めていくことが多いと思います。ただ、その流れを決定していく上では商品の理解や経験、マーケターとし

ての勘のようなものが必要になることが多く、かなりの時間と労力を必要とするケースが多いです。もちろん、それらがデータ・ドリブンなマーケティング戦略を練っていく上で必要ではないということにはならないのですが、すべての人に勘の良いマーケティング担当者になってもらうことは難しいものです。また外部のコンサルタントや代理店、ベンダーの立場で複数の商材に携わりながら、それを身につけていくのはさらに難しくなるため、データをベースにして「誰に」「どうやって」を決め、クライアントのマーケターと議論をしていく方法について紹介していきます。

「誰に」をデータ・ドリブンに決定する

「誰に」をデータ・ドリブンに決めていくためには、データによっていわゆるカスタマージャーニーをつくるという作業が必要になります。例えば、「商品の検討サイクルが1年」だとすれば、1年前を起点として商品を購入する1年前のターゲットがどのような行動をとっていて、そのターゲットがどの程度のボリューム存在しているかということを考えていくことになります。

「1年前にこういう行動をとっているであろう」の部分は仮説をベースにして構築していくことになるのですが、その結果導いたターゲット像に対して「その人は本当に1年前の検討段階の人なのか?」とか、「その人は本当にある程度のボリューム存在している人なのか?」という部分を、データを使って証明していくことになります。

例えば、新築のマンションを購入してもらうためのマーケ
ティングであれば、1年前にとる行動として「子供が生まれた」
や「転職をした」などが仮説として考えられると思います。そ
ういった仮説を立てた上で、直近で子供が生まれたであろう人
や転職したであろう人に対してネットのリサーチなどを通じて
「1年以内に不動産を買う予定はあるか?」「今購入を検討して
いる商品はなにか?」といったアンケートを実施したりします。
実は子供が生まれた瞬間はマンションを購入しようとしている
わけではなく「保険」や「教育」に対して興味を持っていると
いうことがわかったら、新築マンションの情報を出す対象とし
ては適切なタイミングではないということになります。では、
「子供が生まれて保険を購入したであろう人は?」「子供が生ま
れた時点で必要な検討項目が終わった人は?」といった形で
ターゲットを深掘りして、マンションの購入検討層を見つけ出
していきます。このようにして、より適切なターゲットを見つ
けて決定していきます。

　次のステップで必要となるのがボリュームの把握です。例え
ば上記の例で言えば、タイミングは適切なんだけど、10億円の
マンションを買ってもらえる人を探したい!という意味だと子
供が生まれた瞬間に10億円のマンションを買うことができる
人はほんの一握りしか存在していないと思います。それに対し
てターゲットを突き詰めていくこともできますが、ある程度の
ボリュームをとっていきたいという目標を持っている場合だと
そのターゲットはほぼ存在していないということになります。
ターゲットを突き詰めていくと、そんな人は存在していないと

いうことや、そのターゲットは自社の商品に興味を持ってくれる可能性は低いが獲得したい顧客である、といったことがわかってきます。事業を継続していくためには、「獲得できる顧客とは誰か？」といったことを改めて考えていき、仮説を練り直していくことが必要です。この際にもあまりにも極端な条件であれば、ボリュームが低いことはデータを見なくてもある程度把握することはできると思いますが、複数の条件を掛け合わせた結果、一つひとつの条件であればある程度ボリュームがあるが合わせるとほぼボリュームがない状態などもありえます。設定したターゲットがまったく存在しないという状態にならないように、データを元にボリュームを確認しながらターゲットを選定していきます。絞り込みすぎない適切なボリュームを担保できるターゲットをデータ・ドリブンなアプローチによって導き出すことができます。

「どうやって」をデータ・ドリブンに決定する

　ターゲットを選定した後にはそのターゲットに対して「どうやってアプローチするか」を決める必要があります。アプローチをする手段に関しても、ターゲット選定同様に通常は今までの経験やその時その時のトレンドによってアプローチ手段を選択するということが多いと思います。データを使えば、ターゲットとなる人がどのアプローチ手段に対して反応が良いか、そのアプローチ手段でどれだけのボリュームにリーチできるかという点を根拠を持って決めることができます。

　前述のターゲット選定の例で挙げた「最近子供が生まれた女

性」などであれば、年齢や性別などの特徴から反応しやすいアプローチ手段が何かを、データを見ながら選択していくことができます。この場合だとデータを分析した結果、SNS系の集客手段であったり、デジタル系の集客手段に対して反応する可能性が高い（もちろん、もう少し細かく分析をする必要がありますが）というのがわかれば、そのアプローチ手段とターゲットを掛け合わせてアプローチをするということで効果の最大化を図ることになります。

また、ターゲットの年齢層が上がったり、ターゲットのタイプが異なれば効率的にアプローチすることができる手段が変わる場合もあります。データを分析した結果、デジタルの施策が効果を上げやすい群とオフラインの施策に反応をしやすい群があれば改めてターゲットを2パターンに分けてそれぞれのターゲットに対して適切なアプローチ手段を選択することで効果を最大化していくなど、アプローチ手段によって改めてターゲットを細分化していくということも行っていきます。

次に、そのアプローチ手段によってどの程度のターゲットにリーチすることができるかということを見ていきます。マスマーケティングなどの場合はマーケティング手段とターゲットが密接に結合してしまっているため切り離すことは難しかったのですが、近年ではテクノロジーの変化によってターゲットとアプローチ手段を独立で選択できるケースが増えてきました。それによって、複数の手段から同一のターゲットにアプローチしたり、リーチをターゲットごとに補完していくといったことが可能になりつつあります。

例えば「最近子供が生まれた女性」に対して100%リーチできる手段があれば、それ以外のアプローチ手段を選択する必要はないのですが、ターゲットに対して100%アプローチする方法というものはあまりありません。見つけ出したアプローチ手段が最も効率的であったと仮定した上で優先度が高いアプローチ手段から順番に選んでいき、期待するリーチ率に到達できるように手段を選択する必要があります。

　この際にも、どの手段が効率的であるかの優先度付けやリーチ率を計算するための手段としてデータを見つつ、意思決定を行うということが重要になります。ターゲットへの手段を限定したアプローチや無条件に手段を選択してしまうなどは、非効率なマーケティング活動を引き起こす原因にもなりますので、マーケティング活動全体の無駄を減らしていく上でもデータをもとにした決定が重要だと考えています。

「誰に」「どうやって」を連続させて ターゲットを成果地点に送り届ける

　「誰に」と「どうやって」を、データを使って定義できるようになった後にはそれを連続的に設定し、最終成果地点までユーザーの行動を定義して育成していくカスタマージャーニーマップを作成していくことができます。単一の商品のターゲットを見つけていくだけであれば、単一の「誰に」に対してアプローチする方法を考えていけばいいのですが、企業としてのブランディングや比較検討されやすい商品についてはターゲットの状態を定義して育成または横取りをしていく必要があります。

ここでは、①顧客育成のタイミング（ブランディング）と、
②顧客刈り取りのタイミング（商品検討プロセス）に分けて、
いかにデータを用いてターゲット選定をし、アプローチをして
いくかについて紹介していきます。

①顧客育成のタイミング＝ブランディング

　このプロセスでは、例えば以下のようなカスタマージャー
ニーを描くことができます。

**　そのブランドを知る→検討する→他と比較する**

**　→購入意欲が出る→ Web サイトにアクセスする**

　まずは"企業がブランド認知させたいターゲットは誰か"を、
データを用いて定義します（これを「分母」とします）。その
ターゲットについて、実施した施策（例・テレビ CM）や情報
接触の状態（例・テレビ CM を見ているのか、どの媒体に触れ
ているのか）をデータとして把握し、そこからターゲットが最
終成果地点（ブランドの購入意欲がわき、Web サイトにアクセ
スする）に到達するまでのプロセスを定義して、適切なアプロー
チ（「どうやって」）を実施することになります。

　このプロセスの中で検討すべきは、2 点あります。
・ターゲットのボリュームや定義に無理がないか
・アプローチ手段はターゲットとマッチしているか

　データを取得するのにも都度コストがかかります。分母とし
て設定するターゲットがあまりにも狭い場合、最終的に Web サ
イトに連れてくることができる数（分子）も自ずと小さくなり、

費用対効果が見合わないことにもなりかねません。ですから、「誰に＝ターゲット」「どうやって＝アプローチ方法」を定義した後に、それが適切なボリュームか、一番広い範囲（分母であるターゲット層）から成果地点（「Webサイトアクセス数」など）まで持っていく際の費用が合うかどうかを検討していくことになります。

②顧客刈り取りのタイミング＝商品検討プロセス

こちらは、実際に商品を検討し、他商品と比較しながら購入するまでのプロセスであり、以下のようなカスタマージャーニーを描くことができます。

Webサイトにアクセスする→比較検討する

→商品購入意欲が高まる→購入フォームに行く→購入する

②で注意すべきは、①ブランディングから②商品検討プロセスに至るまでのアプローチ方法が、"扱う業種・商品"の特徴によって異なるということです。

例えば「保険」や「不動産」などは、単価が高く検討期間が長いわりに、個々の商品の差がわかりにくく、実はイメージで購入されやすい商品です。この場合、①ブランディングの部分でアプローチをし、ターゲットを育成しても、肝心の②のプロセスで競合他社の商品からアプローチを受けた場合、横取りされてしまう可能性がある（または横取りをすることが可能である）のです。

こうした特徴を持つ業種の場合、もし競合他社と比べて価格優位性が強い商品を持っているなら、わざわざ①ブランディン

グの部分からアプローチをする必要がなく、商品を知ってもら
う工程は他社に任せてしまい、②の比較検討をしているター
ゲットを狙ってアプローチをする、という考え方もあります。
逆に②で比較検討をされてしまうと競合に負けてしまう可能性
が高い商品しか持っていない場合は、ファネルの高いところ、
つまり①ブランディングの部分から一気に②の成果地点（購入）
までターゲットを誘導するためのアプローチ方法を検討する必
要があります。

　一方で「消費財」のように、単価が低く検討期間が短い業種
は、顧客が個々の商品の“機能”を比較して購入しているため、
①ブランディングから②商品検討プロセスまでに横取りをする
のは難しくなるのです。
　このように扱う業種や商品に応じて、データを、どのタイミ
ング（例えば①ブランディングか、②商品検討プロセスか）に
いる、誰（ターゲット）に用いるのが効果的か、が変わってき
ます。
　いずれの場合でも、ターゲットがどこの点（タイミング）に
いるかを、データを用いて定義し、その人に適切なアプローチ
をすることが必要になります。

　ここまで、データを使って「誰に」「どうやって」アプロー
チをするかを検討するための手段と注意点についてまとめてき
ました。世の中に存在しているすべてのデータを活用すること
ができれば、どんなターゲットでもどんなアプローチ手段でも
見つけることができるのですが、現実的には今ある情報を元に

して「誰に」と「どうやって」を定義する必要があります。今保有しているデータの全体を把握しながら、これらの定義をするということの訓練が実務上は重要になるでしょう。

広告戦略における データ・ドリブン・マーケティング

　ここからは広告の領域に特化してデータ・ドリブン・マーケティングを実行する際のポイントについてご紹介していきます。マーケティングの全体戦略におけるデータ・ドリブン・マーケティングと比較すると、より具体的なアクションプランになります。カスタマージャーニープロセスに対してデータ・ドリブンなアプローチをしていくためには、どのようなデータをどのようなタイミングでどうやって使っていくと、今までの広告戦略と比較して効率的に実行できるようになるのか、ここでは、「集客」の施策に絞って3つの事例でご紹介します。

（1）最も素早く効果を体感できる事例
——Web広告におけるデータ・ドリブン・マーケティング
　Web広告の領域は、データを使うまで／効果を体感するまでのスピードが速いため、データ・ドリブン・マーケティングの最初の導入には向いています。まずは「データを使って良かった」と感じられる成功体験を得ることが重要です。
　Web広告の領域では、潜在層から顕在層、コンバージョン層といった流れでカスタマージャーニーを描くことが多いです。例えば、海外旅行に申し込む場合であれば、「海外旅行に関連し

た情報サイトを見ている人」を高いファネルのユーザーとして
定義して、「自社サイトに来ている人」から最終成果地点の購入
に至るまで、といったサイトのアクセス状況を使ってカスタ
マージャーニーを描いていくのが一般的な流れになります。

　Web広告の場合はターゲットの定義を明確にしやすいので、
データを活用する際も、どのファネルの顧客をどのデータで定
義してどれくらいのボリュームがあるかを確認することが比較
的容易です。逆にWeb広告におけるデータ・ドリブン・マー
ケティングを実施する場合、現在持っているデータの中から
ターゲットを定義できない場合は、別の定義をする必要があり
ます。

(2) 発展版　オンラインとオフラインを連携したBtoC広告

　オンラインとオフラインの施策を最適化するためのデータ・
ドリブン・マーケティングの場合は、Webの広告単体のカスタ
マージャーニーと比較するとターゲット選定とそのターゲット
に対するアプローチ方法は複数の組み合わせを考えることがで
きます。

　通常のWeb広告の領域のみの場合であれば、多くのターゲッ
ト層の中からWebで成果地点に来る可能性が低い人に関して
はアプローチを諦めるか、無理をして効率が悪い方法の中で最
善の策を目指すことになります。ただ、Web広告以外でアプ
ローチする選択肢もカスタマージャーニーに組み込むことに
よってさらに多くのターゲットに対して育成プロセスを進める
ことができるようになります。

　例えば、商品に対する認知を獲得するためにマス広告を使

い、その後認知を獲得したターゲットは、カスタマージャーニーの次のプロセスへと進み、Webでの比較検討のタイミングにバナー広告を当てるといった場合、見込み顧客から認知、購入へと顧客がマーケティングファネルの川上から川下へと移動していく過程で、その時点でどのアプローチ法がマッチングするかをデータ上で測りながら、アプローチを続けていくのです。

　属性・手段・カスタマージャーニーにおける位置をマトリックスで掛け合わせて把握することで、「Web広告を打った後に電話をかけると効果が上がりやすい」レベルの細やかな集客施策を打つことができるのです。

ターゲットの育成プロセスに応じて手段を選ぶ

属性	手段		
	テレビCM	リスティング広告	電話
A	○ →	● →	→ 購入
B	○ →	○ →	● → 購入

(3) 発展版　オンラインとオフラインを連携したBtoB広告

　BtoC広告の場合は、個人の「端末」単位でデータを取得しますが、BtoB広告の場合は、オンラインの場合、企業IPに紐づくデータでマーケティングを行います。企業に属する個人の興味・関心と、企業としての興味・関心は異なるからです。

　つまり、目的とする集客の「粒度」に合わせて、適切なデー

タを選んで使用する必要があるということです。オフラインの施策につなげるときも同様です。例えば企業 ID に紐づくデータから企業の興味・関心を推測したのち、施策としてダイレクトメールを打つ場合、採用担当者宛てに出すのと、マーケティング担当宛てに出すのでは、どちらが関心高く受け取ってくれそうか。単に「この端末の履歴で、この分野に関心が高いことがわかった」から「端末の保有者にアプローチをする」、というのではなく、企業としての興味・関心を測り、適切なアプローチ先を検討する必要があるのです。

　BtoC 広告／ BtoB 広告と分けて解説してきましたが、行っているプロセスは本質的には同じです。
　まず、商品に興味を持ってくれる可能性がある人を「分母」に置きます。わかりやすくするため、分母のターゲットを仮に「100 人」としましょう。データ・ドリブン・マーケティングとは、データを用いて、この分母 100 人のうち
・オンライン広告で興味を持ってくれそうな人が20人
・SNSで興味を持ってくれそうな人が30人
・オフラインで興味を持ってくれそうな人が50人
　と、手段（アプローチ方法）の切り口で分母の 100 人を仕分けし、「どの手段を取ると最適化・関心がある人の数を最大化できるか」を判断していきます。

　BtoB 企業でも同じです。分母に、興味を持ってくれそうな企業を置き、そのうち
・Web担当者宛にアプローチすると、反応がありそうな企業

は…

・企業の端末にWeb広告を出すと反応がありそうな企業は…

と、手法とターゲットをマッチングさせていくのです。

【データ・ドリブン・マーケティングの考え方】

どの手段・切り口だと効果を最大化できるか

$$\frac{\text{分子＝あるアプローチ手段をとると関心を持ってくれそうな人}}{\text{分母＝商品に興味を持つ可能性がある人}}$$

　データを用いてマーケティングや広告を行う、というと「ターゲットは20歳の男性で、関東地方に在住しており……」と、ターゲティングの段階で絞りすぎてしまうケースが多々見られます。しかし、データ・ドリブン・マーケティングの場合は「『分母』として適切か？」を考えることが非常に重要です。

　ある焼酎ブランドの例を紹介します。「自社のブランドページにアクセスした人」をターゲット（＝「分母」）とし、そこから「ECサイト」（手段）で購入する人の割合を増やそうと広告施策を行いましたが、目標は達成しませんでした。果たしてこれは広告活動の失敗を示しているでしょうか？

　「焼酎ブランドのWebページにアクセスする」人たちはどんな人たちでしょう。ブランドのファンや、相当に関心が高い層ではないでしょうか。わざわざそのブランドサイトに辿り着いた人たちは、特別な広告施策を打たなくても、ECサイトに限

らずさまざまな販路で商品を購入している可能性が高い。とすると、そもそも当初設定した「分母」＝「自社のブランドページにアクセスした人」が適切ではなかったと考えるべきでしょう。

　データを取得するのにはコストがかかります。100人のターゲットから20人に絞って、そこからデータを用いて適切な集客の手法を導くのでは、分子（狙った成果に至った数）も必然的に小さくなり、コストに見合わない場合があります。どこをターゲットとしてすくい上げると、最終的に分子を最大化できるかを考えて、分母を設定すべきなのです。

・分母が小さくなると、必然的に成果も小さくなりますが、

$$\frac{成果 <20}{分母 =20}$$

　適切な分母を設定することで、コストに見合う成果を上げることができます。

$$\frac{成果 <100}{分母 =100}$$

　「誰に」「どうやって」をデータ・ドリブンで決める際、①顧客育成のタイミング＝ブランディングと、②顧客刈り取りのタイミング＝商品検討プロセスに分けて解説しましたが、この「分母」の考え方を用いると、以下のように整理できます。

①顧客育成のタイミング＝ブランディング

マス広告など最大化できる手法は？

分母＝世間一般

②顧客刈り取りのタイミング＝商品検討プロセス

分母に対して、最適なアプローチ方法は？

分母＝各商品の特徴をふまえて、設定

「データを用いたけれど成果が出なかった」ケースのほとんどが、分母を限定しすぎて"当て切っていない"状態に陥っています。分母は、「Webサイトに来た人」とは限りません。適切に分母を設定できれば、あとは分子を"さまざまな切り口"で試してデータを取得し、どのアプローチ方法が最も高い効果につながるのかを判定していけばよいのです。

第3章のまとめ

データ・ドリブン・マーケテイングの実践

・データを計測し、定期的に確認できる環境をつくる

・データ・ドリブン・マーケティングの実践は、ノウハウのデータベース化、人材教育、社内の意思決定においてメリットがある。ただし、過去に起きた事象が当てはまらないときは、データを元にした判断ではなく、クリエイティビティを活かす

・「誰に」をデータ・ドリブンで決めるには、適切なボリュームかどうかも把握する

・さまざまな切り口を試してデータを取得し、どのアプローチ方法が最も高い効果につながるのかを判定する

第4章

データ・ドリブン・
マーケティングと
「DMP」の活用

DMP 活用の現状

　ここまででデータ・ドリブン・マーケティングのメリットやそれを実現するための方法を紹介しましたが、第4章ではDMP（データ・マネジメント・プラットフォーム）を利用してデータ・ドリブン・マーケティングをしている企業の現状と直面している課題について触れておきたいと思います。

　後ほど、「DMP」の詳細の解説を行いますが、DMP自体は言葉が出てきてすでに数年経っているため、導入自体が行われている会社も多くあります。そのわりに、うまく利用できているという話は聞こえてこない印象があります。DMPを利用したデータ・ドリブンなマーケティングを実施する際に、多くの会社が抱えている課題は大きく分けると2つあります。1つ目は組織面での課題、2つ目は活用面での課題です。1つ目の課題はDMPというよりもデータを使ったマーケティングツール全般が抱えている課題になるのですが、データを活用して解決するための課題よりも導入することに目がいってしまっている結果、導入自体が目標になってしまっていることが多いという点です。2つ目もよくある課題にはなるのですが、DMPの導入がうまくいったかうまくいっていないかを定義するための目標がない状態で導入されてしまい、うまくいっているかどうかの判断もつかないというケースです。

　1つ目の組織面での課題ですが、DMPという商品自体がマーケティング用のツールなのか、それともCRMの延長線上の

ツールなのか、それとも顧客 DB の一種のシステムなのか、捉え方によって企業内で対応する部署が異なるため、導入部署と活用部署が異なってしまう企業が多い印象があります。これはアクセス解析ツールや MA ツールなどのデータが絡んだ商品全般で同様の課題はあるのですが、導入する企業の予算の組み方や部署が持っている予算の役割などが課題になるケースが多いと思われます。この課題はすぐには解決することができないのですが、多くの場合はデータを活用するための施策の原価としてデータ費用を組み込むというのが解決策の方法としてあると考えています。

　例えば、広告配信にデータを活用する場合は配信に連動した形でデータ費用を乗せることでデータを掛け合わせた金額で費用対効果を計算する、アンケートを実施する場合はスクリーニングを実施する代わりにデータを使って対象者を絞り込むとしてデータ費用を込みで費用を考える、といったように施策実施費用にデータ費を入れ込むことが考えられます。各施策を行う部署での必要な分を利用するなどの方法で、活用する部署での対応をすることで導入の効果を明確に把握しながら進めることができるようになると考えています。

　また、対応をする組織の中で DMP を活用する人についても課題になることが多いです。DMP を利用することを考えると、多くの場合で広告配信に関する知識、データベースの知識、アクセス解析の知識などそれぞれで多くの知識を身につける必要がある内容が多いため、一人で DMP の活用を推進するのは難しいのが実態です。また、それぞれの内容を社内で対応してい

ることも少なく、外部のパートナーにノウハウが溜まっていることも多いと思います。DMP の活用については、社内の特定の部署で行う可否という点と、特定の部署で対応をすると決めたあとに社内のメンバーで対応をするのか、外部のパートナー企業に活用を任せるのかを決めることを推奨します。

　2つ目の活用面での課題について、データを活用する部署が確定してもデータを活用する場所をどこにするかで止まってしまうことも導入の課題になるケースが多いです。漠然とデータを活用して新しいことをやりたいというのでは、適切に PDCA を回すことができないためデータが得意な領域を理解しながら活用先を選択していく必要があります。データを使う先を選定する際に最も考える必要があるのが、現在の状態と比較したときに対象のデータを使うことによって何の情報が付加されるかを明確にしながら活用を進めるという点です。

　例えば、データを分析に使う場合であれば、現状わかっている状態とデータを使うことによって何が追加でわかるようになるかを明確にして活用していくことや、DMP からデータを新しく取り込む場合はそれが今まで把握できているデータと何が違うのか、それによってどういった質のデータをデータベースに取り込むことができるのかといった内容を理解しながら導入をしていく必要があると考えています。それらを把握しながらデータを活用していくことで、導入した際の効果やそもそも導入するメリットがあるのかどうかを把握することができるようになります。

組織面と活用面、双方に共通して言えるのは DMP 導入プロジェクトにおいて、仕組みを入れてプロジェクトを終えてしまうのではなく何のためにデータを活用していくのか、さらに言うと導入した際に得られる価値とその費用対効果について把握しておかなければいけないということです。データを利用したマーケティングの得意な領域としての改善や PDCA といった内容を最大限活かすことを考えると、改善する対象を決めてそこに使われているコストとそこに対してどれくらいの改善見込みがあるか、その改善を行う組織をどこにするかを具体的にイメージできるよう方法を検討していくというのはとても重要です。

DMP を活用できる領域

　ここで新たに課題になるのが、データを活用することによって改善される領域の可能性の部分です。

　例えば、運用型広告の配信改善を実施するために DMP を導入するという場合だと、最大でも配信システムに投下している広告予算の領域までしか改善をすることができません。もっと言ってしまえば、改善ができても 20 ～ 30% 程度なので月額予算が 100 万円程度の広告予算の場合、月額で最大出せる金額が 20 万～ 30 万円程度になってしまいます。DMP の基盤の料金と DMP に携わる人的コストを考えるともっと利用金額の大きな領域にデータを活用する必要があります。例を挙げれば、Web 広告全般、Web マーケティングの全般にデータを活用できるプラットフォームに利用するといったことです。

103

CRMの最適化に利用する場合もCRMツール自体の費用がDMPの導入費用に対してある程度高くないと、DMPの導入費用に対して得られる効果が小さくなってしまうので導入するメリットを得づらくなってしまいます。つまり、DMPを導入していく上で、DMPによって改善できる領域に対してある程度以上のコストを払っている必要があります。逆にいうと、多くの会社が多くの金額を投下している領域にDMPを使うことができないと費用対効果や業務の効率化ができたといったメリットを生み出すことができません。そのため、特定の領域に限定的にしか利用することができないDMPというのはメリットが出づらく、DMP自体がより広い領域で活用できるようになる必要があります。

　もう少し簡単に説明すると、ターゲット＝「分母」の数を狭く絞りすぎると、自ずと成果につながる数も小さくなり、顧客1人当たりの獲得コストの単価が上がってしまいます。例えばビールを売りたいと考えたとき、分母に「ビールは好きだけれど妊娠中で飲むことができない人」を置いたら、どれだけデータを活用しても、売れる数は限られてしまいます。また、先に述べた焼酎メーカーのように、さまざまな販路がある中でそもそもブランドのHPから購入する数が少ない場合、「ブランドのHPでの購入者数」をKPIに置いてしまったら、効果が上がらず"データ・ドリブン・マーケティングの失敗"と認定されてしまいます。

　"データをどの領域に活用するか"によって改善の幅が変わり、改善幅がさほどなければ、データを用いるためのコストに見合わなくなります。であれば、データを用いる「分母」の数

を広げたり、チャネルごとのデータを増やしていったりする（自社で取得できるオンラインの売上だけでなく、さまざまな販路における売上と、オンライン施策とを連携できるようにする）ことで、データ・ドリブン・マーケティングの成功確率を上げることができる、ということです。

DMPとは何か

ここからは、改めて「DMP」がどういうものなのか説明していきます。

DMPは、データ・ドリブン・マーケティングを実行する手段として生まれたプラットフォームです。

従来、企業にとって自分たちの商品を買ってくれるお客さんは「顧客」という漠然とした存在でした。企業側が取得できた情報は、会員データに紐づいている年代・性別などの属性に限定されていました。DMPは、企業が取得できる属性の"その先"の切り口を提供してくれる存在です。

例えば企業が取得できていた情報だけなら

・〈商品を購入した顧客〉 〈その属性〉

・〈自社のWebサイトで商品を購入した顧客〉 〈その属性〉

のみだったところに、新しい切り口「使用しているパソコンの種類」のデータを掛け合わせると、

・〈Webではコンバージョンしにくい顧客〉－〈古いPCを使用している〉

といった因果関係が見えてきます。

つまりDMPが提供するのは、漠然とした「顧客」という存

在を区別するための「切り口」なのです。商品や企業に紐づく情報だけではなく、広く一般的に、ユーザーの興味や関心事などのデータを世の中から集めてきて、マーケティングツールとの橋渡しを行っています。「ユーザーの属性や興味・関心を調べるための問い合わせデータベース」のイメージです。

　DMP は「ID」「属性」の 2 つの要素から成り立っています。
　「ID」は、クッキーと呼ばれる、ユーザーと直接関係を持たない主体が、情報を収集するときに用いるものです。
　「属性」は、ファースト・パーティー（企業・商品の提供者）が持つ CRM データ（顧客データ。購入有無や年齢・性別など）や、サード・パーティー（第三者）が持つ、メディア別の接触率や Web ページの閲覧履歴などのデータです。
　「ID」と「属性」を紐づけることによって、企業の持つデータと、第三者が取得した「企業側が把握できないユーザーの側面」を関連付けることが可能になったため、「企業が知らないことを知っているデータベース」＝ DMP が生まれたのです。
　たとえるなら、クレジットカードや金融会社の審査で使用される「信用情報機関」のデータベースのようなものです。1 社だけでは把握できない個人の信用情報、ブラックリストの有無などを「信用情報機関」のデータベースが一括で管理しており、金融会社は、そのデータベースと申し込みのあったユーザーのデータを照合することで、貸付を行ったりクレジットカードを発行したりして問題ないかを判断しています。
　従来の CRM では、企業は"自社が把握できる範囲"でしか顧客を理解できませんでしたが、DMP を活用することで、「競

合他社の商品をどれだけチェックしていたのか」「他にどんなことに関心を持っているのか」などの一般的な情報を取得し、離反される可能性がどれだけあるのか、どんな打ち手が必要かなどを判断できるようになったのです。

　漠然とした「顧客」ではなく、ユーザー一人ひとりを知るための「切り口」を手に入れたことで、さまざまな広告の出し分けが可能になりました。例えば「保険」そのものに興味があっていろいろ調べている人と、まったく興味がない人を判別できたなら、出すべき情報も変えるべきでしょう。保険に興味がない人になら「保険というのはね……」と語り、すでにさまざまな保険を比較検討している人なら「うちの商品はね……」と語る。ユーザーを区別するための切り口は、「ターゲティング広告を打ち出すための種」なのです。

　一般的な DMP の場合、URL データごとに「保険」「旅行」などカテゴリー分けをしており、ユーザーが閲覧したのはどのカテゴリーの情報か、といった切り口でデータを取得することができます。さらに私たちインティメート・マージャーが提供する IM-DMP では、URL ごとのページに記載されているテキスト情報を取得し、「旅行」からさらに細分化したキーワード、例えばその URL に掲載されている情報は「ハワイ」なのか「台湾」なのか「子連れ旅行」か、といった細かさのデータを取得しています。切り口のバリエーションが豊富であればあるほど、ターゲットである大きな「分母」を、さまざまな切り口で分類し、どの切り口が最も効果を最大化できるかと判断することができます。もちろんすべての切り口を試すことはできないので、まずは仮説を立てて、活用するとよいでしょう。

もう少し細かく、実際にどうやって DMP の機能を活用していくのかについて説明します。DMP が持っている機能は大きく分けると「データ活用の機能」と「データ収集の機能」の 2 つです。双方とも、「DMP が保有しているサード・パーティーまたは ファースト・パーティーのクッキー」と、「データ活用先として連携したい広告媒体等を中心としたマーケティングツールまたはデータの収集元として連携をしたい Web メディアを中心としたデータ保有企業のクッキー の ID」を、名寄せするクッキーシンクという作業を実施することで実現します。

　データ活用の機能であれば、DMP に登録されているデータの中から作成したターゲットリストのクッキーの束を、連携したいマーケティングツールの ID に変換してデータを転送して活用するという流れになります。

　また、データの収集の機能については Web メディアやその他データを持つ企業が保有しているクッキーに紐付いているデータを、マーケティングツールの変換とは逆の変換で、DMP の ID に変換をして取り込めるような流れになっています。

　ただ、DMP は単体では単なる ID とデータが登録されているデータベースなため、実際の利用の際は DMP に搭載しているクッキーに紐付いたデータを既存のマーケティングツールまたはデータベースなどに連携することによって価値を出すサービスです。

　前述のように「データ活用の機能」と「データ収集の機能」のそれぞれを連携する先のツールに渡すことによって対象となるマーケティングツール単体ではできない機能を付加することで価値を出すことを目標にしています。

マーケティングツールとの連携で価値を出す DMP

©Intimate Merger, Inc.

　例えば、CRM ツールと DMP が連携することによって今までメール配信にしか活用ができなかった会員データを、クッキーを経由して広告配信ツールと連携してターゲティング広告に活用したりすることができます。また、広告配信ツールと DMP を連携する際は DMP が保有するデータを連携することによって今まではターゲティングできていなかった対象に対してターゲティング広告を実施することができるようになります。

　DMP が誕生した背景には、ターゲットを定義するためのデータが多様化してきたことにより、データを統合して分析した結果からターゲットを見つけ出すニーズが発生していたり、ターゲットが情報をとるチャネルも広がりを見せてきたことにより、複数のチャネルをまたいで同一のターゲットに対して情

報を伝えたいという場面が増えていたりする、といったことが
あります。

　そのため、今まで社内で使っていたデータベースや他のマー
ケティングツールに対してアクセスログを連携するニーズや、
溜めているデータを他のマーケティングツールに転送して活用
するといったことを実現するための機能を多く持っています。

　DMP はアドテクノロジーの進化の一種として発生しました
が、近年ではその活用範囲がアドテクノロジーの領域以外にも
広がりつつあります。データの収集範囲が Web 上のデータ以
外にも広がっていくことで今までのマーケティングツールでは
できないターゲティング方法ができるようになったり、データ
の活用先としてもマス広告や紙媒体の広告などにも活用範囲が
広がってきており、アドテクノロジーの一ツールとしての進化
というよりもそれぞれのツール単体では実現できなかった最適
化を実現するための汎用的なデータベースとしての使われ方が
増えつつあります。ここからは、DMP の従来の使い方をふま
えながら、より発展的な使い方について紹介します。

「DMP2.0」への進化

　今までのDMPの活用領域がデジタル施策の領域に特化した
DMPだとしたときに今後はデジタル施策に閉じないデータの
活用を目標にしたDMPに進化していく必要があると考えてい
ます。前述した通り、マーケティング予算におけるDMPが活
用できる領域はそこまで広くなく、DMPを運用するためにか
かるコストに対して改善できる領域が狭くなってしまう問題を
抱えています。その課題を解決するためにはDMP自体の運用
コストを下げるか、DMPの利用範囲を広げて改善によって得
られるメリットがコストを上回るようにしていくことが必要に
なると考えています。

　ここではDMPの中に格納されているデータの利用先をより
広げていくために、DMPのデータの可能性について考えてい
きます。

　DMPは大きく分けると「プライベートDMP」と「パブリッ
クDMP」の2つに分けることができます。双方ともブラウザ
に付番されているクッキーをベースにしたアクセスデータを元
にしたデータベースになるのですが、プライベートDMPは自
社で保有するデータをCRMやアクセスログなど広く格納して
いるDMPで、パブリックDMPはクッキーをベースにしたさ
まざまなデータソースから集められた主に自社のデータ以外を
束ねたデータベースになります。まずはそれぞれのDMPがど
のように既存のマーケティングツールから進化してきているか
ということについて紹介します。

プライベート DMP は、自社のデータを CRM とアクセスロ
グなど複数のデータソースを通じて統合して格納している点か
ら、CRM の延長線上のサービスだと考えるとわかりやすいと
思います。では CRM の延長線上でどういったことが価値とし
て付加されているかというと、CRM と比較すると Web ページ
から取得したデータや広告などの配信履歴のデータが紐付けら
れるという点が追加されています。

　CRM にこれらのデータが紐づくことで非会員のときのアク
セス履歴や購入以外の Web 上でのアクションを CRM データに
紐づけて施策を打つことが可能になり、例えばメールを配信す
るためのロジックの高度化やレコメンデーションのロジックの
高度化といった CRM で実施していた施策でつけていた顧客ロ
イヤルティをアクセス状況も加味して設定することができま
す。また、リターゲティング広告などと比較したときには、会
員 ID を紐付けることで Web 広告の領域以外のダイレクトメー
ルやメール、LINE などのメッセージにもデータを活用できる
ようになるという意味で、打ち手を広げることができるという
メリットがあります。プライベート DMP に格納しているデー
タの活用という意味だと、会員データの拡充と会員データの利
用先の拡充という部分に価値があると言えます。

　パブリック DMP は、自社で保有していないデータを格納す
るデータベースという意味でいうとあまり Web の領域には概
念的に近いものがないのですが、昔からある業態でいうと DM
に利用していた国勢調査のデータやアンケートデータなどの延
長線上にあるようなデータになります。自社で保有している

データ以外を使ってマーケティングできる状態自体は、今持っているデータに追加情報が加わることになるのでCRMやリターゲティング広告などの自社データを使う領域で活用することで価値を出すことができます。また、郵便番号データやアンケートデータなどと紐づけを行うことでそれらの情報にWebで取得したデータを紐付けることができるようになり、年齢や性別などの一般的な属性以外にもサイトに来訪したといった情報やサイトに紐づく情報などもリアルタイムに取得してマーケティングに活用できるようになります。それらによってたとえばパブリックDMPを導入している企業では、サイトに初めて来た人に対してのおすすめの情報をレコメンドすることができたり、競合商品に興味を持ち始めている人をWebの閲覧データからあぶり出し、その人に対してコミュニケーションの仕方を変更するといった施策を実施することができるようになります。

　このように自社で保有していないデータを利用することで今までは実施することができなかったマーケティングプランをどのように実施することができるかを考えていくことが、パブリックDMPの活用においては重要になります。

　それぞれの活用先の具体的な事例などは後ほど紹介しますが、DMPの使い道という意味ではそれぞれのDMPの得意な領域とそれによって改善される領域と価値を理解しつつ、利用先を決めていくことが必要になります。ただ、現在のDMPの活用領域自体はWebの施策に限定をされていることも多く、価値を出せる領域がさらに広がることでDMPを導入するメリッ

トやそれによって発生する価値が増加するようになります。ここから先は現在の DMP の使い方を DMP1.0 としたときに DMP2.0 ではどのようにできることや価値が進化していくと考えられるかについてまとめていきます。

DMP で今後できるようになっていくこと

　DMP の利用領域は今後、導入に関するシステム的な費用や人的なコストを上回る改善効果を得るという視点から、より大きな予算を割いている領域や事業の売上に影響度が大きい領域へと広がっていくと思われます。例えば、マス広告の領域にデータを使える可能性を広げていくことや販促の領域、マーケティング以外の領域でも DMP を使える領域を増やしていくことで費用対効果を上げていく取り組みを増やしていく必要が出てくるでしょう。

　そういったデータの利用領域を広げていくために DMP は以下の 2 点の機能を強化していく必要があります。
1. クッキーやスマートフォンのデバイス ID 以外の ID に紐付いたデータの整備
2. PC やスマートフォン以外のデバイスデータを DMP に取り込むためのクロスデバイスの推定の技術

　まず、1. クッキーやスマートフォンのデバイス ID 以外の ID に紐付いたデータの整備は、これら以外を主キーとして DMP と各種マーケティングツールを連携するために必要となる部分です。例えば、データを蓄積するためのキーを法人番号（法人

マイナンバー）にすれば企業情報を保有する企業と連携することができるようになり、B2B のマーケティングの領域に DMP のデータを活用できるようになります。

　他にも位置情報や郵便番号などの情報をキーにして DMP のデータをまとめればオフラインの各種施策にデータを活用することができるようになり、利用している駅情報と連携できれば電車の車内広告などの意思決定に利用することができます。そういった DMP のデータを連携するためのキーを変化することによって連携可能なツールのバリエーションを増やすことができるようになります。

　データ連携のキーになる ID のバリエーションを増やしていくことによって DMP のデータを活用できる先を増やすことができるようになり、DMP の費用に対して得られる効果を最大化することができるようになります。

　また、2. PC やスマートフォン以外のデバイスデータを DMP に取り込むということも DMP の利用価値を上げる上では重要です。ただし、DMP のデータ自体は最小の粒度でクッキーやスマートフォンのデバイス ID のデータと連携できる必要があるため、これらの ID と他のデバイスの ID を連携するためのクロスデバイスの技術を組み合わせる必要があります。

　例えば、スマートテレビやスマートスピーカーといった IoT デバイスと DMP を連携する場合、スマートテレビやスマートスピーカーを保有している人に属性を割り付けるために同一のインターネット環境上にある端末から得られた情報を IoT デバイスの属性に紐付けるということや、逆のパターンで IoT デバ

115

イスで収集された情報をスマートフォンや PC で活用すると
いったことが可能になります。

　今までの DMP では 1 日の可処分時間の中では一部のデータ
しか取得できていなかったのに対して、今後の DMP で収集す
るデータについてはスマートフォンや PC 以外のデバイスを
使っているときのデータまで収集することが可能になり、より
対象となる人が必要とする情報を把握できるようになると考え
ています。

データの取り扱い　法整備の議論を知る

　ここで、実際に DMP を利用するときの注意点として、重要
な点を補足したいと思います。それは「データ取り扱い」に関
する世界的な動向とリスクについてです。

　ご存知の通り、閲覧ソフトごとにデータを取得する「クッ
キー」は個人名などを含まないため、個人情報保護法が定める
「個人情報」には当たりません。このため「クッキー情報であれ
ば、外部の企業とも自由にやり取りしてもいい」と漠然と誤解
している人も多いのではないでしょうか。

　しかし、クッキーも含む利用者データの取り扱いについて
は、現在、日本だけでなく世界的に議論が高まっており、日々
その状況、各企業に求められることが変わっています。背景に
あるのは、昨今のデータ活用の加速によって「個人を特定され
かねないデータが、個人の気づかないところで第三者の手に
渡っている」ことへの問題意識です。欧州連合（EU）の一般
データ保護規則（GDPR）の施行によって、日本でもクッキー

を個人情報とみなすべきか、法改正をめぐる議論が高まっています。

　同時に、個人情報を取得するときに必要な項目についてユーザーに明記し、同意を得ているかどうかも厳しい目が向けられています。こと日本においては、紙で個人情報を取得するときには都度同意書にサインさせているのに、Web上になると途端にルーズになるような傾向もあるように思えます。
　2019年2月には「データ共有100社調査」（日本経済新聞社・データサインの共同実施）によって、取得したデータの具体的な提供先を明示せずに外部とユーザーの利用データを共有している企業が、調査対象社の5割にものぼったことで問題になりました。現時点では違法とは言えませんが、こうした報道を経て問題意識が高まれば、今後、法改正に至る可能性も十分に考えられます。

　「何を個人情報と呼ぶか」は日々変わっているのです。私たちの会社にも、顧客である企業から受ける相談のうち「どのようにデータを取得すればいいか、どのように許諾を取れば問題ないのか」といった相談が多くを占めています。データの取り扱いについては、現状を正しく認識し、しかるべき場所に相談することが重要です。もしあなたが宣伝・マーケティングの部門にいるのであれば、顧客から何らかのデータを取得するときは "自社の法務部に確認を取るべき事項である" ということを、まずは知っておいてほしいと思います。

データ取得のときには、使用意図や第三者提供の有無を明示して許諾を取る方法（オプトイン）と、汎用的な内容としてプライバシーポリシーに明記し、データ提供したくない人には個別に拒否してもらう方法（オプトアウト）があります。個人情報に紐づくデータであれば、オプトインで明記して取得すべきというのが私の考えです。

　一方で、行動データや閲覧データなど、ブラウザに紐づくクッキー情報は、そもそも逐一許諾を取るオプトインの方法が現実的に難しい場合もあります。その場合も、プライバシーポリシーにきちんと明記しておくことを、私たちは推奨しています。企業には、次ページの例のようにプライバシーポリシーに「使用意図」「第三者提供の有無」などを明記してもらうようお願いしています。

　また、テクノロジーの観点でもプライバシーを保護する方法の検証が国外のプラットフォーマーを中心に検討がされ始めています。Apple は iPhone で取得した個人のデータを「差分プライバシー」というテクノロジーを使って個人のデータを暗号化した状態で活用するという取り組みを行っており、Google やマイクロソフトなども同様の技術に対して取り組みを進めています。EU においては、EU 各国の解釈の統一をつかさどる 29 条作業部会（現：EDPB）において、差分プライバシーなどの匿名化手法の有効性について言及がされており、「個人データ」に該当するかという判断が日本よりも厳格になされていますが、EU においても上記のとおり肯定的な評価を受けています。

　日本ではテクノロジーによって個人のプライバシーを守るということに取り組んでいる会社はまだ少ないですが、こう

いった観点からも今後データを価値ある形で活用していくということを検討していく必要が出てくる可能性があると考えています。

プライバシーポリシーの例

IM-DMP を利用するお客様へのお願い

　当社は、プライバシーに配慮した取り組みの一環として、IM-DMP を利用するお客様のプライバシーポリシーにおいては、以下の項目をご記載いただいております。

・クッキー等について
・クッキー等によって収集したデータの利用について
・クッキー等によって収集したデータの提供について
・サード・パーティー・データの取得について
・オプトアウトの方法について

　これらの項目をプライバシーポリシーに記載する際のモデル案は、以下のとおりです。

　以下のモデル案をプライバシーポリシーに記載する際には、既存のプライバシーポリシーに盛り込む方法と、別途クッキーポリシーを策定する方法のいずれもあり得ると考えられますので、各社様の採用しやすい方法でご記載いただければと思います。

＊　　＊　　＊　　＊　　＊

1. クッキー等について

　当社は、ウェブサイトやアプリケーションにおいては、クッキー等（クッキー、広告 ID、IP アドレス、ウェブビーコン等）を用いており、クッキー等によって収集したデータ（ウェブサイト上での閲覧履歴、行動履歴等）を利用しております。

　当社がクッキー等によって収集したデータそれ自体には、特定の個人を識別することができる情報は含まれておりません。

2. クッキー等によって収集したデータの利用目的について

　クッキー等によって収集したデータの利用目的は、以下のとおりです。

・当社のサービスの改善につなげるため
・当社のサービスにおけるセキュリティ施策のため
・広告効果の計測及びお客様個人に適した広告の配信のため
・お客様個人に適した当社のサービスを提供するため

3. クッキー等によって収集したデータの提供について

　当社は、クッキー等によって収集したデータから推測される興味、関心、年齢層等の特定の条件によってお客様を分類し、この分類に関する情報（セグメント）を広告配信事業者、媒体社、広告会社等の広告配信事業者等へ提供することがあります。

4. サード・パーティー・データの取得について

　当社は、データマネジメントプラットフォーム事業者（以下「DMP事業者」といいます。）が提供するサード・パーティー・データを取得しています。

　DMP事業者が提供するサード・パーティー・データには、当社以外のDMP事業者が提携するウェブサイトから収集したデータ（ウェブサイト上での閲覧履歴、行動履歴等）が含まれておりますが、特定の個人を識別することができる情報は含まれておりません。

　当社は、DMP事業者が提供するサード・パーティー・データを取得し、当社が保有するお客様の個人情報と組み合わせ、利用しています。

　当社に対してサード・パーティー・データを提供するDMP事業者は、以下のとおりです。

・株式会社インティメート・マージャー／会社概要
https://corp.intimatemerger.com/main/company/about/

5. オプトアウトの方法について

　ウェブブラウザにおいては、その設定を変更することにより、クッキーを削除したり、クッキーを無効化したりすることができます。また、スマートフォンにおいても、そ

の設定を変更することにより、広告 ID（AAID、IDFA）を
リセットしたり、無効化したりすることができます。各設
定の仕方は、各ウェブブラウザのヘルプメニューやスマー
トフォンの設定にある「クッキー」「Cookie」などの項目を
ご確認ください。

　当社がクッキー等によって収集したデータを提供する広
告配信事業者等のプライバシーポリシー及びターゲティン
グ広告のオプトアウトについては、以下の URL 先をご参照
ください。

・Google

http://www.google.co.jp/policies/technologies/ads/

・Yahoo! JAPAN

http://btoptout.yahoo.co.jp/optout/preferences.html

　当社に対してサード・パーティー・データを提供する
DMP 事業者のプライバシーポリシー及びデータ取得のオ
プトアウトについては、以下の URL 先をご参照ください。

・株式会社インティメート・マージャー／ IM-DMP のデー
　タ利用について

https://corp.intimatemerger.com/datapolicy/

情報取得は"リスクを伴う"認識を

クッキー単体では個人を特定する情報でなくても、CRMと連携することによって、個人を特定しうる情報になってしまうことがあります。だからこそ「取得できるだけ取得しておこう」、あるいは「何でもかんでもデータ分析ツールを入れておこう」という態度は非常に危険です。

確かに、許諾の段階をふむことで、会員登録のコンバージョンが下がることもあるでしょう。しかし「許諾を取るリスク」よりも「許諾を取らないリスク」の方が圧倒的に大きいと考えるべきです。

「どうせ取るなら、いろいろな情報をユーザーから取得しておこう」とする企業は多いものの、情報を取るということは、同時にリスクを伴うことを認識しておかなければいけません。個人情報の中でも「機微情報」と呼ばれる、病歴や、本籍地や前科といった、万が一外部に漏れてしまうと本人の生活に支障が出る恐れのある情報を取得した場合は、厳しく自社内で管理が必要です。リスクを知らずに、むやみやたらに取得してしまったら、後々大変なことになるのです。

もちろん、データを管理するためにはコストもかかります。リスクだけでなく「かけたコストに対して見合うリターンがあるのか」の視点でも、何の情報を取得するのかは吟味しなければなりません。リスクとリターンの両面から考えると「不必要なデータを取らず、必要十分なデータにしぼって、許諾のステップを正しくふんで取得する」ことが最も適切であるという結論に至るはずです。

とはいえ、今取得しようとしているのはクッキー情報なの
か、はたまた個人特定につながる可能性のある情報なのか、自
身で判断できない場合もあるでしょう。情報を取得する前に、
専門家に相談することも重要です。

正しい情報取得に"後ろめたさ"は必要ない

ここまで情報取得のリスクについて話してきました。昨今の
データ管理をめぐる議論を聞いていると「情報取得＝悪」のよ
うに感じるかもしれません。しかし本来は、ユーザーにとって
も、広告主にとっても、データを正しく取得し活用することは、
メリットをもたらすことなのです。

ユーザーは自分のデータを提供することで「興味のない情報
より、自分に合う・興味のある情報を届けてもらえる」という
メリットを享受します。もちろん、場合によってはオプトアウ
トで「広告はいりません」と宣言することもできます。全員一
律の興味のない広告を見せられるよりも、よっぽど便利だとも
考えられます。

広告主にとっては、自分たちの提供する商品・サービスに興
味がない人に向かって広告を出すよりも、マッチングの高い
ユーザーに広告を見てもらえることで、効率的な宣伝マーケ
ティング活動をすることができます。また、オプトアウトによっ
て広告を見たくない人がわかることも、効率化の一環と言える
でしょう。

一般のユーザーから見ると「自分の情報を渡さない」ことは

メリットしかないと思うかもしれませんが、閲覧データや行動データの総量が下がり、Webメディアの広告単価が下がれば、これまで無料で閲覧できていたコンテンツを見られなくなるかもしれません。自分の情報を渡すことで間接的にユーザーが得られているメリットもあるのです。

　情報銀行の動きも進んでいます。仕組みとして情報銀行がうまくいくかはまだわかりませんが、いずれにせよ消費者目線で見れば「安全だと判断したところに自分のデータを公開し、適切なメリットを受ける」という考え方は間違っていませんし、企業側も何ら後ろめたく思う必要はありません。だからこそ、データ取得における適切な許諾確認は必須なのです。

第4章のまとめ

データ・ドリブン・マーケティングと「DMP」の活用

- DMP導入時には、改善する対象を決め、そこに使われているコストと、どれぐらいの改善が見込まれるのかを把握する
- DMPによって、ユーザー一人ひとりを知るための切り口を手に入れることができれば、どんな打ち手が必要か判断できる
- DMPの利用領域は、Web施策以外にも、マス広告、販促のほか、マーケティング以外の領域で使われていくことが見込まれている
- 顧客から何らかのデータを取得する＝自社の法務部に確認をとるべき事項
- ユーザーからデータを正しく取得し活用することで、ユーザーは「より興味のある情報が届く」というメリットを享受し、広告主はマーケティング活動を効率化できる

第 5 章

オフライン施策も
最適化する
新時代の
「DMP 2.0」とは

一般的な DMP の利用方法

　第4章で、ＤＭＰの活動領域を広げ、マス広告や販促の領域、またマーケティング以外の領域でもＤＭＰを使う取り組みを増やしていく「ＤＭＰ 2.0」の流れについて触れました。第5章では、ＤＭＰを導入した後の、利用方法の広がりについて見ていきます。まずは、イメージしやすい「Web 広告」「コンテンツの最適化」についてまとめていきます。

・Web 広告

　Web 広告の施策ではアドネットワーク、DSP（デマンド・サイド・プラットフォーム。広告主側のプラットフォーム）、ネイティブアドネットワーク、ソーシャルネットワーク広告など現在利用されているさまざまな広告媒体で利用することができます。データの元データがプライベート DMP になるか、パブリック DMP になるかによって活用するデータが異なってきます。

　プライベート DMP に登録されているような自社のアクセスデータや顧客データの媒体での利用方法は、よりサイトに訪れた回数が多い人に向けた広告がメインとなります。

　例えば、EC サイトにおける既存顧客向けの広告配信や、初回購入から2回目購入などの引き上げ、商品の購入件数を増やすためのアップセルやクロスセルの広告といったユーザーのロイヤルティを上げるための施策にデータを利用することが多いです。この場合、リターゲティング広告と比較して効果が上がるかどうかという部分がデータを使う価値になります。そのた

め、データの価値を活かしやすいのは、既存顧客のデータが豊富に存在しており、優先順位をつけてアプローチしなくてはいけないある程度の制約を持っているクライアントでの活用が向いています。

一方、パブリック DMP に登録されているデータは、媒体におけるインタレスト（興味）やアフィニティ（親近感）といったデータと比較されて活用されることが多いです。それらの配信方法との比較という意味ではパブリック DMP に登録されている情報は属性情報に近い情報で、より人の質に近いデータである一方、媒体で活用できる情報は、枠やタイミングに近いデータを活用できるという点で棲み分けがされています。また、パブリック DMP のデータで価値を出しやすいクライアントの種類は、自社データが溜まりづらい商品の買い替えサイクルが長い、または商品単価が高い企業や初回購入などのデータが溜まりづらい企業です。

これらの各 DMP の特徴をふまえた上で、どのデータをどこで利用するかということを検討していく必要があります。アドネットワークや DSP などは、より成果地点に近いポイントにいる人が対象になるため、成果に近いターゲットを狙うのに効率的なデータを DMP から抽出してターゲティングに利用することになります。また、ネイティブアドネットワークやソーシャルネットワーク広告などの場合は、よりファネルの上のユーザーを定義してアプローチする必要があります。

・コンテンツの最適化

　DMP、特にパブリック DMP をコンテンツの最適化ツール（レコメンデーションエンジン /LPO/EFO）に利用することで、CRM などのデータだけでは実現できない価値を DMP によって提供することができます。

　レコメンデーションエンジンの領域では、「コールドスタート問題」という、サイトに初めて来訪したときに個人に合わせた最適化を実施することができないという潜在的な課題があります。そういった場合でも DMP に登録されているサード・パーティー・データを使うことによって初めてサイトに訪れた人に対しても適切なコンテンツを出すことができたり、休眠顧客や特定コンテンツしか閲覧しない傾向が高い人に対してのコンテンツ提示をすることが可能になります。広告の領域での活用のイメージが強いですが、レコメンデーションエンジンに DMP のデータを入れてサイトやコンテンツの CVR（コンバージョンレート）や継続率が上がったという事例などもあります。また、他社が保有しているデータをもとにしたレコメンデーションを実施することで他社の購買データをベースにしたレコメンデーションなども実施ができます。

　LPO（ランディングページ最適化）や EFO（エントリーフォーム最適化）に関しても属性に合わせたコンテンツや LP が抱えている課題感に対して DMP を使ってアプローチするニーズが存在しています。DMP を使わない場合にはサイトに訪れた顧客のすべてに対して複数のパターンのページを見せて最も CVR の高いページに徐々に絞っていき最適化を行っていきます。その場合、実は属性によってはパターン A が最も CVR が

高く、他の属性の場合はパターンＢが最も CVR が高いといった属性別に最適なページが存在します。こうした属性別のコンテンツの最適化を行うために DMP データを使うこともできます。

DMP を他のツールと連携することで どのような価値が得られるか

DMP データを用いるときには、こんな問いが有効です。

「自社が持っているデータだけでは、わからなかったことってなんだろう？」

「理想的にはどんなことをやりたいのか？」

私たちがクライアントにこうした問いを投げかけると、多くは「自分たちの顧客について、ロイヤルティの高い人たちの行動データは取得できているのですが、そうではない人たちにいかにアプローチしていけばよいのかわからない」と答えます。

CRM のデータだけでは、

・顧客になりたてのユーザー（これまでの行動データが蓄積されていない人）

・休眠ユーザー

・顧客以外の人

の動きがわかりません。そこで、DMP データを CRM データに掛け合わせることで、自社サイト以外の行動や興味・関心を把握し、施策を打つ価値や改善幅の高いユーザーに関する情報を取得できるのです。

このような例を以下のツールごとに見ていきましょう。

・リターゲティング広告×DMP

　一度でもサイトを訪問してくれたユーザーに対して広告を出す「リターゲティング広告」。前回のサイト訪問から時間が経てば経つほど、ユーザーの興味や関心がどのように推移しているのかがわからなくなるのが従来の課題でした。広告を配信する間隔が1日であれば効果が高いものの、1週間から先は広告に対する効果が見合わなくなります。

　例えば、一度「乾燥肌」に関心を持って商品を検索した人が、次に乾燥肌に興味を持つのはいつなのか？　自社だけではわからない「タイミング」が、DMPデータを活用することによって判断しやすくなるのです。

・アクセス解析ツール×DMP

　従来であれば「ブランドサイトのトップページで離脱した人」は一括りでカウントされていました。例えば就職活動をしている学生や、広告代理店の担当者などが企業情報のみを調べようとしたのなら、トップページだけでニーズが満たせたから離脱したのであって、問題があるわけではありません。一方、商品について詳しく知りたいと思ったユーザーが離脱している場合は、サイトそのものがわかりにくいなど問題がある可能性が高く、改善の余地がありそうです。

　従来のアクセス解析ツールではわからなかった「何に興味があってこのサイトを訪れたのか」の部分をDMPで補完することで、ブランドや商品に興味を持っている人たちの行動を細やかに捉えることができるのです。

・ポップアップツールやレコメンド ×DMP

　サイトのアクセス履歴を用いて、関心のある商品をおすすめする機能ですが、初めてそのサイトを訪れた人や、そのサイトからまったく動いていない人に対しては、"何に興味があるか"のデータが足りず、適切なものを提案できませんでした。サイト上で取得しきれなかった"何に興味があるか"の部分をDMPで補完することで、お知らせを最適化することができるのです。

目的に合わせて DMP を利用する

広告効果を上げたい

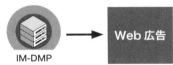

休眠顧客を呼びたい

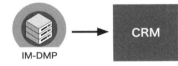

ターゲットを明確化したい

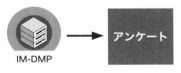

チラシ・DMの効率化をしたい

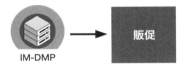

©Intimate Merger, Inc.

デジタル広告以外の施策への拡張

　繰り返しになりますが、今後、DMP データは広告に限らず活用の幅が広がると予想されています。ダイレクトメールやチラシを例に挙げてみましょう。不動産業界では、マンションを販売するとき、マンションからの直線距離で商圏を設定し、チラシを投函するエリアを定めるのが一般的と聞きますが、本当にマンションからの直線距離だけで最適な商圏を設定できるのでしょうか？　そのエリアの新築マンションに関心を持っている人は、2 つ隣の駅にもいるかもしれません。DMP データを用いて、郵便番号単位の位置情報と、新築マンションの購入意欲を紐づけることができれば、エリアの枠を超えて本当に関心のある人たちにダイレクトメールを届けることができます。

　ラジオやテレビなどへの出稿についても例を挙げます。現在は、視聴者層の年齢や性別で区切って CM の出稿を判断していますが、DMP データを掛け合わせることで、「リフォームに興味のあるユーザーは、この枠の番組をよく視聴している」「子供が生まれたばかりのユーザーは……」と、より効果が期待される切り口で、媒体や枠を選び出稿することができます。

　これまでユーザーを区別するための切り口が限定的であった媒体や状況に対して、切り口の質を上げるようなデータを掛け合わせることで、より切り口のバリエーションを豊富にしていくことができるのです。

広告以外の施策への拡張

　広告や集客以外の領域への活用も広がりを見せています。金融機関の事例では、DMPデータをカードローンの審査や債権回収に活用しているケースもあります。「信用情報機関」のデータベースに加えて、返済能力や財政状況が判断できそうなWebの閲覧履歴データを用いることで、審査や債権回収を効率化しているのです。例えば「偽造パスポート」や「カード悪用」について検索しているユーザーは貸し倒れ率が高いことや、旅行や買い物など贅沢しそうな情報を検索しているユーザーの方が債権回収しやすいなどの関連性が見えています。

　接客にDMPを活用する場合はどうなるでしょうか。例えば結婚式場の接客で、来客情報として事前にどんな情報を検索しているかが分かれば、著名人の結婚式ブログ／貯金／マタニティグッズなど、興味・関心に応じておすすめするプランを変えることができるでしょう。

　DMP情報を掛け合わせることで、意外な因果関係を発見することもあります。ペット保険を提供する保険会社が、自社の持つ顧客情報とDMPのデータを紐づけてみると、ペットショップで購入した飼い主よりも「里親」や「殺処分」などと検索している人の方が、ペットの保険に関心を持っているとわかったのです。

　クライアント側が持っている最終的なコンバージョンの情報と、DMPの一般情報を組み合わせることで、「風が吹けば桶屋が儲かる」くらいの遠い因果関係が見つかります。DMPの活用によって「文脈を発見する」ことができるのです。

ここまで、アナログ施策も最適化し、広がりを見せるＤＭＰの活用について触れてきました。次ページからは、「マーケティングのデジタル化」に立ち戻り、ＤＭＰ２.０が進み、あらゆる施策が最適化され、マーケティングのデジタル化が本質的に実現していくことで、どのような変化が起ころうとしているのかについて、考えを深めていきます。

第5章

オフライン施策も最適化する新時代の「DMP 2.0」とは

データ・ドリブン・マーケティング対談
横山隆治 × 築島亮次

新興のバーティカルブランドが
スーパーボウルの CM を打つ時代に

横山： スーパーボウルの CM を観ていたら、出稿額が 30 秒で 5 億円を超える中で、新興のシェービングブランドが広告を打っているんですね。実はこのブランド、スタートしてからあっという間でユーザー数が数十万人になっていたのですが、最初からファネル構造じゃなくてバーティカル構造になっていたんです。

つまり、ある有名人がブランドの象徴になっていて、そのファンが 10 万人も 20 万人もいる、と。その結果、彼が推奨するシェービングツールを皆が毎月買って、替刃やタオルも併せ買いする、という構造です。ブランド立ち上げから間もないのにそんなことが実現できるのは、やはりソーシャルメディアの力なんだな、と痛感しましたね。

このようなスタートアップ企業には、死ぬほど頑張ればヒットして、何億円も入るかもしれないという夢がある。だから彼らは、ファン作りやコミュニケーションにおいてすごい才能を発揮するんですね。

こうした事例を見ると、「うちの会社はこういうセグメントの人とコミュニケーションが取れているからこういう商品開発がいいんじゃないか」、といったユーザー視点が必要なことに気づきます。僕はずっと宣伝部の復権を訴えているんですが、宣伝部が本当にやるべきは、こうした消費者ごとのマーケティングです。

日本のメーカーでは今、ブランドマネージャーを抱える事業部が超越的な存在になっていますよね。予算は事業部が持っていて、テレビには1億5000万、残りは3000万円出稿してね、と言われた宣伝部がその通りに買い付けているのが現状です。

ですが本来、誰が消費者IDベースのマーケティングをするかといえば、そこはやっぱり宣伝部がやらざるを得ないはずなんです。事業部から主導権を取り返して「ぜんぶ足して1億8000万円ね、じゃあ配分は宣伝部に任せなさい」くらいのことを言わないと、絶対に会社として最適なプロモーションや広告にはならない。だからこそ、そうしたマインドの部分をもっと上層部に伝えていく必要があると思います。

消費者IDベースの例でいえば、僕はADK時代にある飲料メーカーで「カルチャークラブ」という頒布会のメンバーを募ったことがあるんです。

その時は、最初の2、3年で集まった4万人くらいのリストを最後の最後まで使い切りました。つまり、すべての施策はこのリストありき、なんですよ。

彼らのデータは全部把握できているし、消費行動だっ
てわかる。だからこそ、この人たちが次に買ってくれる
ものを大事にするんです。商品をつくったけど誰が買っ
てくれるだろう、ではなく逆なんです。いま隆盛のサブ
スクライバービジネスだって、本質的にはそういうビジ
ネスモデルですよね。

サブスクライバーモデルが
アメリカで続々と登場している

築島：　広告領域でのサブスクライバーモデルでいうと、海外
ではどんなものがあるんですか？

横山：　海外ではファンベースのビジネスモデルが主流です。
　コンテンツビジネスの流れとして、動画が量産される
ようになったんですが、おそらく広告やコンテンツ課金
では投資回収できないですよね。そうなったときの収益
の上げ方は「紙芝居モデル」だとよく言うんです。紙芝
居って紙芝居の上演で料金を取っているんじゃなく、水
あめなんかの駄菓子を買わせた収益になっている。
　典型的な事例で言うと、ハリウッドの女優さんという
だけでコスメブランドを立ち上げたら、いっぺんに20万
人くらいのファンやサブスクライバーがついて、その女
優がつくる商品はどんどん売れる！みたいなモデルがあ
りますね。
　そんな風にエッジの立った紙芝居屋さんが出てくる

と、そこに数万人から数十万人ものファンを抱えたブランドが一瞬で現れる。これって先のスーパーボウルの広告主のように、従来のファネル構造じゃなくて初めからバーティカル構造になっていますよね。アメリカでは今、そうしたデジタルネイティブなバーディカルブランドが、雨後の筍のように次々とD2Cで立ち上がっています。

築島： なるほど、バーティカルというだけに、最初から入ってきたものが全部下に抜けていく構造ですね。

横山： そうそう。彼らはファンだけに最初からサブスクライバーになって、その時点でクレジットカードの口座番号も登録されて会員化まで済んでいる、と。そうすると月額いくら、というサービスもあれば、その都度モノを買うこともあると思うんだけど、ファン化した特定の会員サブスクライバーにマーケティングを行うんですよね。

　これってもしかしたら、ブランドの中心にファンを生む誰かがいたり、象徴的なカルチャーやそのトーンアンドマナーがありさえすれば、モノやサービスは何でもいいのかもしれない。そんなビジネスが今、どんどん展開していっているんです。

　Walmart なんか、それらのブランドを一生懸命買っているわけですよ。買っても育成できるかどうかは別なんだけど、アメリカ最大の流通企業がそうやってバーティカルブランドを買いあさっているわけです。

こうしたブランドが続出している背景には、Amazon
があまりにも強くなったせいでメーカーに危機感が出て
きた流れがあるんですね。

　広告や宣伝部の文脈ではないんですが、バーティカル
ブランドがファンとの絆を作るコミュニケーションツー
ルとして動画をよく使っている事例をIAB（NYに本部
を置くインタラクティブ広告業界団体）がレポートして
いますね。これは、彼らもこうした事例がマーケティン
グ領域やデジタルマーケティング領域と極めて近いと認
識しているということです。

　バーティカルブランドは、ソーシャルメディアを使っ
てファンを作り、デジタルのECだけで流通を成立させ
ているわけですから、確かに近い話ですよね。

従来のマスマーケティングでは
バーティカルブランドに対抗できない

横山：　だとしたら、それこそ日本企業のマーケティング部や
宣伝部も、こうした流れに無関心ではいられないんじゃ
ないの？と思うんです。つまり、現に世界でバーティカ
ルブランドが数十万人ものファンと非常に深いコミュニ
ケーションをしていることを知見として、自分たちの
マーケティングに応用しないといけない。

　これはもう、マスブランドとしてマスにどう働きかけ
るか？というだけの話ではないですよね。デジタルのコ
ミュニケーションの中に、そこまで進化したものがすで

に登場しているわけですから。

　単にソーシャルメディア施策とか動画コンテンツといった発想ではなく、バーティカルなブランドやファンといった新しい形に昇華し始めている。そうした現象をマーケティングに携わる人たちが今、ちゃんと把握しておく必要があると思います。

築島：　ただ、それを企業の中の人たちが実際にやるのは、なかなかハードルが高いかもしれませんよね。既存の企業文化の中では大それた話になりますし、全体の話にも関わってきますから。

横山：　まさにその通り。確かにスタート地点から内部で競合しちゃう、みたいなことになるからやりにくいとは思うんです。でも、今後日本でもそうしたブランドが乱立してきたとき、既存ブランドが従来のマスマーケティング手法で対抗するとしたら、相当疲弊しちゃうんじゃないかという気がしますね、特に今の絶望的な効率の悪さからすると。

築島：　なるほど。僕はユーグレナという会社の社外取締役の方に来ていただいてリソースを書くという仕事をやっているのですが、これまでの話はそれとちょっと近い気がしますね。彼らはユーグレナが好きな人をいっぱい持っているので、それを化粧品や飲み物などのほかのブランドに展開して集客していくんです。ファンを投入するこ

とで利益が上げられるモデルの日本版といったところでしょうか。

これはある種CRMっぽい話なんですが、ユーグレナみたいなブランドを持つ会社がファンの人たちを見込んで既存産業を買い、グロスして売り上げを上げている例って意外とあるのかもしれない。

横山： あると思う。そもそも人口減少社会なのにマスマーケティングで広げる、という発想に無理がありますよね。最初、バーティカルブランドのコスメのファンが10万人とか20万人とか聞くと「なんだそんなものか、マスマーケティングに比べたら少ないな」とか思うじゃないですか。

でも、実は20代女性って関東地区には220万～230万人しかいない。このコスメブランドってどう考えても20代女性のバーティカルブランドであって、もしファンが20万人もいたら少なくとも首都圏で10％は取っているわけです。これって巨大な数字なんですよね、実際。

つまり、日本の人口動態を改めて考えると、そもそもマスマーケティングって必要なの？という疑問が出てくるわけです。

多くの企業は最初にテレビを使って何千万人に対してCMを投下しています。だけど、本当の対象者は数百万人しかいないのに、その施策に意味はあるの？というのがある。

以前、あるカーナビメーカーを手伝ったときに「カー

ナビって何台ぐらい売れるんですか？」と聞いたら、年間で十数万台だと。でも、CMを打っても十数万台しか売れないのに、テレビ広告って要りますかね？という話をしたことがあります。

これがもし、ネットなどを使ってカーナビに関心がある人を集められるとしたら、そもそもファネル構造の一番上にテレビCMを置くのはかなりもったいない使い方ですよね。

テレビCMの使い方というのはファネルの途中であって、ファンで募った20万人、30万人を50万人に増やすためにお金を使うべきなんです。初っ端からテレビに認知を担わせてもかなりの無駄打ちになるし、ほとんどがターゲットじゃない人に当たるわけですから、一度考えなおした方がいいと思いますね。

それに今、テレビで特定のCMをものすごい量打っている例もありますが、あれって効果が一定以上になるとピークアウトしてネガティブに反応する人が多くなるんじゃないか、と思う。

ある企業の話では「おたくのCMは何回やるのよ、しつこいわよ！」ってお客様センターにクレームの電話が入ったと聞きます。それで、いったいどれくらいやったんですかと聞いたら、800GRPだと。

800って本数にすると100本以上ですよね。当たる人には40回も50回も当たる。つまり、同じCMを何度も当てられるとうんざりするっていうのがあるんじゃないかと。

でも、ネガティブな作用については計算されていませんよね。逆効果の計算を誰もしないのでそうなるんですが、実はテレビ局にとっても1万GRPを1案件よりも100GRPを100案件やった方が高く売れるし、見ている人もいろんな種類のCMが出てきた方が面白いはず。

　それに、いいCMって結構視聴率を支えてる気がするから、視聴率だって上がるかもしれない。逆にいくら番組の内容が良くても間に挟まっているCMにうんざりしちゃうと逃げられたりするんです。そこを局としてももうちょっと考えた方がいいんじゃないかな。

　この先、5G時代になったらデジタルの方が最初の認知レベルを担うことになるかもしれないし。なにしろ、テレビでやっても若年層にはまず到達しませんからね…。

デジタルデータを使って
アナログ施策を最適化する

築島：　わかります。ちょっと古いマーケティングをやっている会社さんと話をするときによく出てくるんですが、過去のマーケティングではデータといえばペルソナとロケーションありきで「関東地方在住の20代の女性」みたいな商圏とペルソナで作っていた。

　でも、それだとターゲットが当たらなさすぎるとか、あんまり行動と一致していないよね、とかいう話になるんです。

　それに対して百貨店さんや小売店さんによく相談さ

れるのが、バーチャル商圏というかその人が興味を持っている地域の話です。家が遠くても銀座によく来る人には銀座の情報を出したい、といった具合に、今はもう商圏やペルソナの作り方もだいぶ変わってきている。

横山：　従来のデモグラフィックとジオグラフィックって確かにそうですよね。チラシをまくときはこの周辺だね、といってまいてるけど、そこには移動データが入っていなかったりする。

　例えば、調布のマンションを売るなら調布にチラシをまくんじゃなくて、新宿の平日９時〜17時に通勤する人のスマホに広告を出す方が効果的だよねっていう話で。

　でもそういうのって意外と、従来の総合代理店のアナログチックな方が発想力があるんですよ。

　この対談の本論は、デジタルデータやテクノロジーを使って、これまで延々とやってきたアナログ施策を最適化しようということですよね。だから、まずはそうしたアナログの部分に気づきの原点があってほしいし、そのためのデータの使い方として、もっといろんなものを発想してつなげていくべきだと思いますね。

築島：　さっきのファン作りやバーティカルブランドの話も、デモグラフィックやジオグラフィックでは切れないですもんね。時代は、従来のロケーションとブランド名で成立していたモデルから、ファンを作ってそこに商品を投

入するモデルに大きく様変わりしてきている、という
ことですね。

顧客の要望を探ることこそが
サブスクライバービジネスの本領

横山：　百貨店ビジネスの原点は外商がお得意様のところまで
出向いて「ご入用のものはありませんか？」と伺ってい
たところにあります。外商って顧客ありきだから、顧客
に合わせて商品を探したり作ったりする。

　でも今の百貨店は、テナントビジネスがメインになっ
ている。だからもしかしたら、百貨店こそサブスクライ
バーモデルをやらなきゃいけないのかもしれない。

　だから、僕はある百貨店の人に言ってるんです。店舗
があるんだから、毎月定額制でコーヒー飲み放題とかの
サブスクライバーにして、お金は必ず口座から引き落と
せるモデルにする。そうやって住所氏名とクレジット
カード口座番号を取得しなさいって。

　そうすれば、この人たちにどんなサービスを提供した
らリアルに満足してもらえるかを考えるでしょう。リア
ル店舗を持つ強みは、そこにあるわけですから。

築島：　ウェブでいうところの「ログイン頻度を上げる」とい
うことですね。狭い認識のままではお客さんは絶対に
買ってくれませんからね。それに会員化していくと、今
までできなかったサービスがどんどん横展開できます。

横山： そうなんですよ。この人たちは次にどんなサービスを求めているのか、ということがいくらでも分析できるわけです。これはまさに、デパートの外商モデルのDNAをもう一回掘り起こすことにもつながる。そうでなければ、このままだと百貨店は業態としてなくなるでしょうね。

　要するに、2020年代のマーケティングに向けていろんな構造変化がある中で、「次はこんなアドテクが出てくる」といった話題はもう主題じゃなくなっている。ブランド視点から消費者視点へとパラダイムシフトを起こしている中で「じゃあ、みなさんはどうするの？」というひっぱくした状況なんですね。

　だからこそ、デジタルやデータ・ドリブン・マーケティングを具体的にどう活用すれば成果につながるのか、という文脈で話をすることが重要だと思う。

データから意識変容を探ることで
ファンの育成を促進

築島： データ活用の話でいうと、ファンにもちゃんとファネルみたいなロイヤルティの階層があって、いきなり熱狂的なファンが発生するなんてことはないんですよね。一口にファンといっても、住所などの個人情報までわかっているファンもいれば、情報によく接触しているだけ、というファンもいる。

　僕らがやっているDMPでは、ファンとかロイヤル

ティの階層を作る際、最初の分母を形成したり個人情報を取得できるまでに彼らを成長させるときに、データが非常に大事な役割を果たします。

　例えば、ここに個人情報が分かっていてすぐにアプローチできる会員が100人いるとしますよね。でも、これを300人増やそうとして闇雲にアプローチするなら、それは結局マス広告と同じことです。そうではなく、100人の下にいる興味を持ってくれそうな1万人に対して次のアプローチをしましょうよ、というのが正しいデータの扱い方だと思うんですね。

横山：　ファンの育成って、カスタマージャーニーよりは認識の変化を表すパーセプションフローの方が近いですよね。会員とかクレジットカード登録に至るまでにどんなパーセプション（認識）があって、どんな行動が起きているかが大事なわけで。

　その考え方って、やはりファネルとはちょっと違う。新しい顧客をどうやってロイヤルユーザーにしていくか、というプログラムみたいな感じなんじゃないですか。

築島：　顧客育成って、会員化された後にいっぱい買ってもらうという最後のステップに関する話が多いけれど、育成のフローについてはあまり議論されていないですもんね。

横山：　そこの知見って、きっとノウハウがないんだろうね。

でも、顧客化した人を分析するとやっぱり「認知させるファネル」からスタートしていないことがわかる。そういう意味では、サブスクライバーはファンになるまでの意識の変容を探る貴重な存在だともいえる。顧客育成のモデルって今、そっちの方向からアプローチしていく流れだと思うんですよ。

ユーザー個々の文脈を発見する、それが DMP の最大の強み

築島： なにしろ、目の前に優良サンプルがいるわけですからね。そこが一番ロイヤルティが高いわけだから、遡っていくと何が起きていたのかがわかる、と。確かに、よくよくお客さんと話してみると、ロイヤルティとか育成のためのナーチャリングって若干違うよな、と感じることがあるんですね。

　よく言われるのが、従来の認知して比較検討してから入ってくる、という流れ。ところが、保険の商品でアンケートしてみたら、すでに比較検討している段階で入る場所をだいたい決めていたんです。つまり、ユーザーの行動ベースで見ると、思っていたマーケティングのファネルとは全然違っていた、みたいなことが結構ある。

　そういった点を考える上でも、マーケティング手法ベースのファネルというよりは、ユーザー行動ベースで、意識レベルの話が主流になっていく方がいいと思います。人間、そんなにきれいにファネル構造を経てコンバー

ジョンしているわけじゃないんだよって（笑）。

横山： 確かに、送り手が想定するような単純な構造にははまらないから、いったん逆引きしてみて、実態としてユーザーの行動や意識がどんなフローだったのかを分析しないとわからないでしょうね。

　そういう意味でも、マーケティングの先生が仮説検証型を提唱しているから「右にならえ」ではなく、ユーザー個々の文脈を発見していくスタイルになると思う。

　でもそれって、実は DMP の一番の強みなんですよね。そうやってプロセスの実態を見たり潜在層に濃い見込客を発見するといったことは、実際に顧客化した人たちから逆引きしてわかることだから。

築島： ファン化するにしても、一足飛びにいきなりファンになるわけじゃないですからね。そこを事前に定義するような部分にも、今後 DMP やデータが使われるケースが増えていくのではないか、と思います。

横山： 僕の中では、ファンの定義は「メディア」なんですよね。必ずしも顧客ではないメディア。消費者で、かつ発信力のあるメディアとしてファンを捉えた方がいいと思う。限りなく顧客に近いんだけど顧客じゃないよね、と捉えた方がしっくりくる気がする。

築島： 確かに、メディアとして広げてくれるだけでも十分で

すからね。ポイントは、何人にリーチできるのか、という話ですから。

ファンづくりを支える
人材育成体制とは？

築島： でも、ファン育成の担当者って、デジタルメディアのことはわかるけどテレビや紙媒体のことはわからない、とかありそうですよね。理想は事業部に紐づいた、ブランドのファンを作るチームなんだろうけど、あんまりうまく動いているケースは聞かないですね。

横山： 根本的にファンづくりって、まだまだ現場の対応だからだと思うんですよね。もう少し上層のレイヤーからそういうことを認識して「人・モノ・金」のつけ方を考えないといけないし、人事ローテーションも含めて人材育成の体制を変えていかないと。

　　　　発注する側の陣容づくりの考え方をどう刷新していくのかって、実は現場だけの責任じゃない。これは、経営企画とか人事部とか経営層のヒューマンリソースをどうするかっていうことでもあるんです。

　　　　例えば、デジタルやソーシャルに知見のある、新しい人を取らなきゃいけないとなっても、そもそも人事部にはスキルチェックをする能力がない。経歴に目を通したところで、応募者のうち誰がソーシャルメディアを扱うスキルが高いのかなんて、人事部にはわからないでしょう。

築島： それに、ブランド担当の宣伝チームの人間がどこまでやるべきなのか？という問題もありますよね。その点、デジタルマーケティングって判断が難しいじゃないですか。いろんなことを覚えなきゃいけないし、担当者のレベルによっては専門性を作るのが難しそうです。

　おそらく、ファン作りに関しては事業部の方がロイヤルティがあるので頑張っていくとは思うんですが、この人たちはどこまでやるのが理想なんでしょうか？話を聞いていると結局、専門性に関しては外部に委託した方がいいんじゃないか、とも思いますよね。

横山： 本当の意味でのエキスパートは、外部に依頼した方がいいとは思いますね。場合によってはチームビルディングをどうするか、といったプロデュース能力みたいなものも、外から借りていいと思う。

築島： どう成長していくかにもよりますが、いきなり「これをやれ」って言われてもうまくやれるかわからないし、今までみたいに育成プロセスがデジタル担当、マス担当、紙担当という媒体ごとの延長線上にはならないはずですからね。キャリアパスから変えるのはなかなかしんどいと思います。

横山： ライオンさんが「CX（コンシューマーエクスペリエンス）プランニング室」って部署名を変えてきた発想がだいぶ理想に近いと思います。このようにした方がスキル

の育成は楽ですよね。

築島：　広告会社側が各メディアに精通したプロフェッショナルで、お題に合わせた適切なプランニングができるようになれば分業でもいい気がしますね。

横山：　社員でやるのか、社員と外部リソースでやるのか、それともプロジェクト型でやるのか。どういうチーム作りにするのかは企業文化も影響してくると思うんですよね。

今こそ求められる、データ・ドリブンな消費者理解

横山：　僕は今後の流れを「2020年代」って定義しているんですが、オリンピックが終わった後の日本は、かなり変わっていかないといけない。きっと生産性を含めていろんなことが変わるでしょう。人口減少とか少子高齢化が際立って顕在化してくる中で、特に企業が国内市場でBtoCに取り組む姿勢って劇的に変わると思うんです。これは昔、日清食品さんにうかがった話なんですが、なぜプロダクトマネージャー制度を導入したかといえば、それは日清食品の競合は社内だからです、と。社内が切磋琢磨して違うブランドと戦って成長しなければいけない、ということですね。でも、その論理は当時だから素晴らしいんだけど、これだけ人口が少なくなったら、自分のブ

ランドの中で疲弊するのは明らかじゃないですか。

　だから、今こそブランドマネージャー制度の功罪を考え直さないといけない。そこにきて登場したのが、データ・ドリブンな消費者理解という考え方だと思うんです。

築島：　そうですね。データ・ドリブン・マーケティングに活用するDMPについても、巷ではいわゆる年齢、性別、年収プラス地域という、ペルソナとデモグラのために使うと思っているケースがいまだに多いですね。

　ですから、どんな人をターゲットにして狙っていくかという施策を一緒に考えましょう、という考え方が浸透してほしいと思います。そうなると、セグメントの切り方も「20代の男性、もしくは女性」なんていう切り方ではなく、この商品に興味を持ってくれる人って誰なんだろう、という意識へ変わっていくはずです。

　例えば、保険の商品に関しても、保険を見直す人はだいたい節約を考えている、と想定できますよね。それじゃあ、その前には子供が生まれるとか結婚するといったイベントがあったんじゃないかと考えていく。

　そうやって、契約に至るまでの過程をさかのほって考えれば、DMPのウェブの行動履歴や興味関心などと合致するはずなんです。

　だけど、そこをすっ飛ばして「20代女性は保険に入る」と一足飛びに結論を出しているケースが多いので、そのあたりのユーザーのリアリティパネルについても意識を変えていくべきだと感じます。

横山： その通りですね。やっぱり、大事な部分のデータが取れているわけですから、今までのファネルではアプローチが逆だったんだな、などと気づくはずなんです。

　それには、ブランドマネージャーが社内の顧客データをどう拡張すれば見込み客の洗練ができそうかについて、もっと興味を持ってもらえるといいなと思う。期待値の調整って、まさにどういうことが出来そうかっていう可能性に惚れ込んでもらわないと行動できないからね。

築島： そうですね。それにはまず、DMP を見ていろいろ気づきを感じていく必要があると思います。お客さんの話を聞いてると、逆引きで作ったときのファネルと自分が思ってるファネルのギャップがあることに気づくことが多いですから。

　例えば、お客さんが不動産の分譲地を買うとなったときに、買う場所を決める後工程のところをアンケートしてみたら、自分が思っているファネルと調査結果が意外なほどずれていたんですね。こういう情報を調べている人は 1 年以内に買うでしょ、と思っていたら、実は「2 年以内に購入する予定はない」って人が多かったりとか。

　そうなると、自分たちの想定と実際との答え合わせをする機会がこの領域は意外と少ないんだな、と気づきます。

今はなおさら、語調が強くてプレゼンテーションスキルの高いブランドマネージャーが力を持つ傾向にあるので、その言葉を無条件に信じちゃうということもありますしね。

横山：　それは昔からありますよね。言い切り型で「これはプロのレコメンドです」って言われると、その圧力で「そうなんだ」と思わせられてしまう。

築島：　でも、実際にヒアリングベースで見てみると、そこのファネルと合ってないですよね、順番が違いますよねってことが出てくる。それに意識の点から見れば、実はここの人たちは客として筋が良いんですよ、ってところまで調べられるわけで。

　なので、プランニングした内容を僕らの方で調査して、それが本当に適切かどうかをフィードバックしてあげることが本当はできるんですね。ブランドマネージャーの語調に負けずにプランニング内容を評価する。そうしたことにきちんと取り組んであげると、「ああ、こういうふうにデータ・ドリブンでやらなきゃいけないんだな」って気づいてもらえるケースが多いですね。

経営者にも求められる
データ・ドリブン思考とは？

横山： それって大事だよなあ。そういうところもデジタル化の本質の一つですからね。だからこそ、それって本当は経営者に伝えたい話なんだよね。現場ごとに存在しないといけないいろんなお約束があるんだろうけれど、経営者としては目指すべきもののために改善しないといけないから。

築島： そうですね。社内で上の立場になるにつれて現場を知らなくなっていくので、担当者の言っていることが本当に正しいのか、それとも思いこみのバーチャルなターゲットになってるのか判断がつかない。

　　　でも、データをベースにして上の人と担当者が話し合えば「これ、データを見るとそうはなってないよ」とか、「実際は違っていましたね、変えます」といったやり取りが生まれるわけです。

　　　データ・ドリブンの考え方というのは、そんな風に社内の共通言語としても通用するものなので、経営者の視点としてはとても重要だと思いますね。

横山： 今は、横も縦もずれてるのが現状だからね。

築島： そういう状況だと、現場ではパワープレイが得意な人が一番強いですもんね。語調が強くて圧力も強い、みたいな。

横山： ほんと、実際はそれで終わっちゃうからなあ（笑）。

築島： それこそ、働き方改革とかもそうですけど、パワハラ
とかそういうのが横行するのはデータ・ドリブンじゃな
いからなんですよ。
　データを使ってちゃんと話していれば、間違ってたら
間違ってるし、合ってたら合ってるからみんなが納得で
きる。そうじゃないと「お前は仕事に取り組む姿勢がお
かしいから、間違ってるんだ！」みたいになる（笑）。

横山： なりがちだよね。

築島： データ・ドリブンの組織を作っていくということは、
働き方も含めたいろんな意味で、思い込みによって起き
ている問題を解決するのに必要だと思いますね。

横山： そうですね。経営幹部が意思決定のために集まる会議
には、紙のデータを作らせるんじゃなく、マーケティン
グダッシュボードを使って話をすべきなんだろうね。
　今出ているツールを駆使すれば視点は変えられるし、
データの時系列やグラフの角度も変えられる。せっかく
だから、そういうことを根本的に考え直した方がいい。

築島： それこそ実際、オペレーション中に「裏ワザ」が見つ
かったりするときがあるじゃないですか。例えばそれが、
30分かかってた作業を10分でできる裏技だとわかった

とき、みんなで共有するかどうか、なんですよ。

　生産の現場であれば、日本はずっとそうした共有をやってきたわけじゃないですか。「ここをそっちにずらせば、30分に1台分余計にラインが動くよ」みたいなことを共有してきたから、トヨタのかんばん方式が生まれたわけで。

　でも、そうした知見の共有がなぜホワイトカラーの現場で行われないかといえば、それは自分だけのものにしておいた方が得するからなんです。みんなに「これやると20分も短縮できちゃうよ！」と言ったところで、インセンティブがないからなんの得にもならない。

　生産の現場は作業を共有しているので早く帰れるし、早く目標達成ができるから、知見はみんなのもの、という姿勢に何の躊躇もない。だけど、ホワイトカラーの現場は「デジタルの知見は自分だけが持ってるから貴重なんだ、そんなものを皆に教えたら俺の価値が下がる」と思っていますからね。

横山：　それはそうですよね。でも、「このことは誰々さんしか知らない」って、いつの時代だよって話だよね、そんな口伝継承みたいな（笑）。

　でも、それも含めて経営層はそうした実態を知るべきだよね。共有しないと意味がないわけだし。なにしろ、裏技を使って30分のところを10分でできるって、100人でやってたら20分×100人分の効率化なわけですよ。だとしたら、それを見つけて共有した人には何らかのイ

ンセンティブを与えなきゃいけないはず。

　データ・ドリブンって、そうした仕組みまでを含めてデータを使うことなわけです。そのためには、社内でちゃんとトレーナー育成をしないとダメだと思いますけどね。

　あるいは最近すごく思うんだけれど、知見の習熟度って測るのが難しいから、どれくらいちゃんと教えられたかを測る指標が要るでしょうね。あのトレーナーに教えてもらったらこれだけ習熟できた、という評価を人事部がトレーナーの評価にするとか。

　そういう新しい発想を植えこむことについても、なんだかんだで経営者自らが気づいて積極的に取り組まないといけないでしょうね。

第5章のまとめ

オフライン施策も最適化する　新時代の「ＤＭＰ２.０」とは

- ユーザーを区別するための切り口の質を上げるデータを掛け合わせることで、より最適な媒体を選んだり、接客ができるようになったりする
- ブランド視点から消費者視点のマーケティングへのパラダイムシフトの中で、データ・ドリブン・マーケティングを具体的にどう活用すれば成果につながるのかを議論することが重要
- ユーザーがファンになるまでどのような変化があったのか、実態について分析するのはＤＭＰの強み
- データ・ドリブンの考え方は、社内の共通言語として使える

おわりに

データには価値がない、価値があるのは「使い方」

「デジタルマーケティングとは、デジタルテクノロジーとデジタルデータで起こるプロセス革命である」——。この横山さんの言葉通り、デジタルマーケティングの本質は、テクノロジーとデータを用いて意思決定のプロセスを変革させていくことです。一方で、私のもとには「そのことの重要性はわかっているのだが、実際どうしたらいいのかわからない」という企業の担当者がやってきます。

データを使うことの重要性をわかっている人は大勢いるのに、なぜ実践できないのでしょうか? それは「データの使い方」を知らないからです。

例えば、ここに「結婚したい男性」がいるとします。

その人にさまざまな女性のデータを渡すとしましょう。「容姿端麗である」「現在彼氏がいない」「東京都に住んでいる」—。しかし、いくら熱心に女性のデータを集めても、彼がその人に話しかける場やきっかけができるわけではありません。

例えば「この女性は資産が十億円あれば結婚してくれるらしい」というデータが手に入ったとします。しかし、彼自身が十億円の資産を持っていなければ、アプローチすらできずに終わるでしょう。そのデータは彼にとって何ら価値がありません。

つまりデータそのものには価値がないのです。いくら相手の情報を知ったからといって、自分自身が持っている手札の中で勝負できないのであれば、価値はまったくありません。データを持っていることと、データを「価値に変える」ことは異なるのです。

　今の例は極端だと笑う人がいるかもしれません。しかし実際に企業から話を聞いていると「ユーザーをよく理解する」ことに、過剰に価値を置いている企業が少なくないと感じます。細かく行動データを取得できれば、すばらしい施策が生まれるのではないか。データを掛け合わせたり統合したりすれば、何かすばらしい価値ができるのではないか。グループ内でデータを統合してデータベース化し、相互に送客できれば──。
　しかし実際には、統合する・データを掛け合わせるなどの手段が少なすぎて、施策には至らなかったり、ユーザーデータはたくさん取得したものの、自分たちの商品を買ってくれた人たちはどういう人なのかをうまくデータで再現できていなかったりするケースが多々あるのです。

　人がものやサービスを買うときの判断基準は普遍的なものです。価格やスピード、そしてブランド。どれかを高めるためにどうしたらいいのか？　何が欠けているのか？　この視点があってはじめて、どんなデータを取得し、どう使おうかという議論が始まります。

　データそのものには価値がない。肝心なのはデータの使い方

です。データの使い方の変革が、日本のマーケティングのプロセス革命につながることを願っています。

インティメート・マージャー　築島 亮次

宣伝会議 マーケティング選書

デジタルで変わる マーケティング基礎

宣伝会議編集部 編

この1冊で現代マーケティングの基礎と最先端がわかる！ デジタルテクノロジーが浸透した社会において伝統的なマーケティングの解釈はどのように変わるのか。いまの時代に合わせて再編したマーケティングの新しい教科書。

■本体1800円＋税　ISBN 978-4-88335-373-6

デジタルで変わる 宣伝広告の基礎

宣伝会議編集部 編

この1冊で現代の宣伝広告の基礎と最先端がわかる！ 情報があふれ生活者側にその選択権が移ったいま、真の顧客視点発想が求められている。コミュニケーション手法も多様になった現代における宣伝広告の基礎をまとめた一冊。

■本体1800円＋税　ISBN 978-4-88335-372-9

デジタルで変わる 広報コミュニケーション基礎

社会情報大学院大学 編

この1冊で現代の広報コミュニケーションの基礎と最先端がわかる！ 情報がグローバルかつ高速で流通するデジタル時代において、企業広報や行政広報、多様なコミュニケーション活動をよりよく有効に展開するための入門書。広報パーソン必携。

■本体1800円＋税　ISBN 978-4-88335-375-0

デジタルで変わる セールスプロモーション基礎

販促会議編集部 編

生活者の購買導線が可視化され、データ化される時代のセールスプロモーションのあり方とは。流通・小売り施策から効果測定、デジタル販促まで、基礎と最先端を体系化したセールスプロモーションの教科書。

■本体1800円＋税　ISBN 978-4-88335-374-3

詳しい内容についてはホームページをご覧ください　www.sendenkaigi.com

宣伝会議 の書籍

CMを科学する
「視聴質」で知るCMの本当の効果とデジタルの組み合わせ方

横山隆治 著

■本体1500円＋税　ISBN 978-4-88335-364-4

最先端のテクノロジーでテレビ視聴の実態に迫り、曖昧だったテレビCMの効果効率を科学的に分析。真のデジタルマーケティングに必要なデータ、動画コンテンツ、また、将来的なテレビCMのあり方について論じた一冊。

実践と応用シリーズ

サスティナブル・カンパニー
「ずーっと」栄える会社の事業構想

水尾順一 著

■本体1500円＋税　ISBN 978-4-88335-368-2

従業員、顧客、取引先、地域社会…それぞれの満足を高めながら発展する会社を「サスティナブル・カンパニー」と定義。企業が社会の役に立つ存在になるために重要な「事業構想」について解説した＜経営の教科書＞。

すべての企業はサービス業になる
今起きている変化に適応しブランドをアップデートする10の視点

室井淳司 著

■本体1800円＋税　ISBN 978-4-88335-455-9

デジタルの進化によって産業構造が大きく変化する時代。変化の中に共通するコンテクストを見つけ、全体像を捉え、方向を発見し、企業戦略、ブランド戦略、マーケティング戦略を考える上で持つべき「視点」を明示する。

デジタルマーケティングの実務ガイド

井上大輔 著

■本体2000円＋税　ISBN 978-4-88335-430-6

マーケティングに「理論」の体系ではなく、「業務」の体系を。「4P」や「STP」を理解しても、明日からの実務が変わるわけではない。なぜなら、それらは「理論」だから。デジタルマーケティングの「業務」を設計し進めていくための具体的な手引きとなる一冊。

詳しい内容についてはホームページをご覧ください　www.sendenkaigi.com

プロフィール

横山隆治

デジタルインテリジェンス代表取締役。1982年青山学院大学文学部英米文学科卒。同年旭通信社入社。96年デジタル・アドバタイジング・コンソーシアムを起案設立。同社代表取締役副社長に就任。2001年同社を上場。インターネットの黎明期からネット広告の普及、理論化、体系化に取り組む。08年ADKインタラクティブを設立。同社代表取締役社長に就任。10年デジタルコンサルティングパートナーズを主宰。11年デジタルインテリジェンス代表取締役に就任。著書に『CMを科学する』などがある。

築島亮次

インティメート・マージャー代表取締役社長。2010年世界最大級の統計アルゴリズムコンテストRSCTC2010DiscoveryChallenge世界3位。同年慶應義塾大学大学院政策・メディア研究科卒業。同年グリーに入社。国内最大級である約4.7億のオーディエンスデータと高度な分析技術を活かしたIM-DMPの提供・構築、データ活用コンサルティングなどのデジタルトランスフォーメーションを推進。

榮枝洋文

デジタルインテリジェンス 取締役／ニューヨークオフィス代表。日本の大手広告会社アメリカ法人CFO 兼 副社長を経て現職。日本広告業協会会報誌コラムニスト。米系エージェンシーや独立系デジタル・エージェンシーと提携しコンサルテーションを行う。ニューヨーク最新動向を解説する「MAD MANレポート」を発刊。米国コロンビア大学経営大学院（MBA）修了。

マーケティングのデジタル化
5つの本質

発行日	2019 年 11 月 25 日　初版
著者	横山隆治
	築島亮次
	榮枝洋文
発行者	東 彦弥
発行所	株式会社宣伝会議
	〒107-8550 東京都港区南青山 3-11-13
	TEL 03-3475-3010（代表）
	https://www.sendenkaigi.com/
装丁	辻中浩一、小池万友美（ウフ）
本文デザイン	ISSHIKI

ISBN 978-4-88335-474-0　C2063
©Ryuji Yokoyama/Ryoji Yanashima/Hirofumi Sakaeda 2019
Printed in Japan
無断転載禁止　乱丁・落丁本はお取替えいたします